Cocktail Garnish MASTER

KoreaCarvingDecorationAssociation

칵테일 가니쉬 마스터

칵테일가니쉬의 모든것을 담았다

고윤희 이영주 이수연
곽명숙 박현미 김미숙 지음

CONTENTS

PART 3

식품위생학

PART 4

칵테일 가니쉬 실기

PART 5

칵테일 가니쉬 자격검정 필기시험 기출문제

저자소개

고 윤 희

• 일반경력

- [사단법인] 한국카빙데코레이션협회 푸드카빙명장 Food Carving Great Master제 2호
- [사단법인] 한국카빙데코레이션협회 국가대표팀장
- [사단법인] 한국카빙데코레이션협회 본사 전임교수
- (사)한국카빙데코레이션협회 Expert심사위원
- [사단법인] 한국카빙데코레이션협회 상임이사
- 계명문화대학교 호텔항공외식관광학부 외래교수
- 상지영서대학교 평생교육원 담당교수
- 계명문화대학교 평생교육원 담당교수
- KBS2 8시 아침뉴스타임 푸드카빙, 과일예쁘게모양내기 출연 (2016)
- SBS 강호동 "스타킹" (2016)
- KBS2 생방송 "아침이 좋다" (2017)작품연출
- MBC '생방송 오늘 저녁' 이구역의 1인자편-푸드카빙 1인자 방송출연 (2018)
- 경희대학교 일반대학원 조리외식경영학 석사과정
- 숙명여자대학교 한국음식연구원 푸드스타일리스트 Level Ⅰ, Ⅱ 과정수료및 자격증취득

• 수상경력

- 2016,2017 한국카빙데코레이션협회 Best of Best Teacher 연속수상
- (사) 한국카빙데코레이션협회 최우수 지도자상 4회 연속 수상
- 2015 제17회 FHC국제요리예술대회〈중국〉 카빙부문 은메달 수상
- 2014 Asia Food Festival〈페낭〉 말레이시아 아뮤즈부쉬부문 은메달 수상
- 2015 한국국제요리경연대회 국회의원 특별대상수상
- 2015 상지영서대학교 공로상 수상〈총장상〉
- 2017 한국국제요리경연대회 식품의약품안전처장상 대상 수상
- 2016 대한민국향토식문화대전 카빙부문 농촌진흥청장상 대상 수상
- 2017 서울푸드페스티벌 카빙부문 서울시장상 대상 수상
- 2017 전주비빔밥축제 카빙부문 전라북도지사상 대상 수상
- (사) 한국외식산업협회 표창장 수상
- (사) 한국음식관광협회 글로벌리더 국가대표 선정 및 표창장 수상

- 2014 한국카빙데코레이션협회 경연대회 카빙부문 대상 수상
- 2014 강원도 서비스경진대회 특별전시 카빙부문 대상 수상
- 2013, 2014 한국국제요리경연대회 칵테일 부문 금메달 연속 수상
- 2014 한국국제요리경연대회 개인조각부문 금메달 수상
- 2014, 2015 한국카빙데코레이션협회 공로패 연속 수상

• 저서

- 푸드카빙데코레이션 마스터〈카빙 자격검정 실기〉
- New 음료와 칵테일〈조주기능사 필기 · 실기 문제집〉
- 2019 푸드카빙데코레이션 필기시험 문제집
- 2019 푸드카빙데코레이션 드로잉북

이 영 주

- **일반경력**
- 경기대학교 관광학박사
- (현) 백석예술대학교 외식산업학부 전임교수 (조교수)
- (현) 사) 한국카빙데코레이션협회 고문이사
- (현) 사) 한국외식경영학회 이사
- (현) 사) 한국조리학회 이사
- (현) 한국관광연구학회 이사
- (현) 대한커피아카데미협회 이사
- 사) 한국전통음식연구소 연구원
- 한국음식세계화 조리법표준화 개발 연구원
- 한국커피아카데미협의회 커피바리스타 자격검정 심사위원
- 사) 한국카빙데코레이션협회 자격검정 심사위원/자문위원
- 2018년 한국국제요리경연대회 푸드카빙플레이팅/과일플레이팅경연대회 심사위원
- 2017년 한국국제요리경연대회 푸드카빙플레이팅/과일플레이팅경연대회 심사위원
- 2017년 WACS코리아푸드트랜드페어 푸드카빙플레이팅/과일플레이팅경연대회 심사위원
- 2017년 수원전국요리경연대회 푸드카빙경연대회 심사위원
- 2017년 제 8회 한국카빙데코레이션경연대회 심사위원
- 2016년 WACS코리아푸드트랜드페어 푸드카빙플레이팅경연대회 심사위원
- 2016년 전주비빔밥전국요리경연대회 푸드카빙플레이팅경연대회 심사위원
- 2015년 WACS코리아푸드트랜드페어 푸드카빙플레이팅경연대회 심사위원
- 2015년 대한민국국가대표선수-푸드카빙플레이팅 부문
- 이벤트카빙 프로페셔널
- 푸드카빙플레이팅 마스터
- 푸드카빙플레이팅 1급
- 푸드카빙데코레이션 마스터
- 푸드카빙데코레이션 1급
- 푸드카빙데코레이션 2급

• 저서

–2018년 '2019 푸드카빙데코레이션 드로잉북'

–2018년 '수박카빙 마스터'

–2018년 '2019 푸드카빙데코레이션 자격증 필기시험 문제집'

–2015년 '과일플레이팅 마스터'

–2015년 '2016 푸드카빙데코레이션 자격증 필기시험 문제집'

–2012년 '푸드카빙 데코레이션 마스터'

–2010년 '한식조리기능사, 산업기사'

–2008년 '아름다운 한국음식 300선'

• 수상경력

– 2017년 한국국제요리경연대회 식품조각 전시 부문
  백석예술대학교 20명 전원 수상(국회의원상5명/금상15명/은상5명)

– 2017년 서울푸드페스티벌 푸드카빙 전시경연 부문
  백석예술대학교 20명 전원 수상(서울시장상5명/대상5명/금상5명/은상5명)

– 2017년 사)한국음식관광협회 우수지도자상

– 2017년 사)한국카빙데코레이션협회 공로상

– 2016년 제 13회 대한민국 향토식문화대전 최우수지도자상

– 2015년 중국상해 제17회 FHC국제요리경연대회 동메달수상
  (푸드카빙부문 대한민국국가대표선수)

– 2015년 사)한국카빙데코레이션협회 우수지도자상

– 2014년 사)한국음식문화원 한국음식과학문화 대중화부문 서울시장상

– 2014년 사)한국음식문화원 금상/ 지도자상

– 2013년 한국국제요리경연대회 금상 (주니어라이브부문)

– 2008년 사)한국전통음식연구소 해외한국음식세계화 표창

– 2006년 사)한국전통음식연구소 한국식문화세계화 표창

– 2005년 서울국제요리경연대회 금상

– 2005년 서울국제요리경연대회 문화체육부장관상

• 방송출연

– KBS 1TV 생방송 무엇이든지 물어 보세요 20회 출연

– KBS 2TV 8시 뉴스타임 6회 출연

– KBS 1TV 생방송 오늘 2회 출연

– KBS 1TV 굿모닝 대한민국 2회 출연

– SBS TV 생방송 투데이 2회 출연

– MBC TV 생방송 오늘아침 2회 출연

– 농수산TV 정보방송 1회 출연'

– TBN 창원교통방송 추석특별생방송 1회 출연

이 수 연

• 일반경력

- 현)인천도화카빙아카데미원장
- 사)한국카빙데코레이션협회국가대표
- 사)한국카빙데코레이션협회 상임이사
- 한국국제요리경연대회 심사위원
- 사)푸드카빙데코레이션 심사위원/전문강사
- 사)푸드카빙플레이팅 심사위원/전문강사
- 사)과일플레이팅 심사위원/전문강사
- 이벤트카빙프로페셔널 인증강사
- 민광숙요리학원 카빙강사

• 자격증

- 두원공과대학 강사자격증
- 과일플레이팅 마스터 자격증
- 푸드카빙플레이팅 마스터 자격증
- 이벤트카빙프로페셔넌 마스터 자격증
- 푸드카빙데코레이션 마스터 자격증 취득
- 스티로폼카빙 마스터 자격증 취득
- 한식조리 기능사
- 진로직업지도사
- 스피치지도사
- 다중지능평가사
- CS강사 자격증

• 수상경력

- 서울푸드페스티벌대회서울시장대상
- 제8회한국카빙데코레이션경연대회서울시장대상
- 국제탑쉐프그랑프리대회 경기도지사남경필대상
- 향토식문화대전대회 카빙 라이브 국가대표 단체 대상
- 수원전국요리대회 수원시장상
- 서울푸드페스티벌대회 과일플레이팅 금상
- 한국국제요리경연대회 카빙 금상
- 전국요리경연대회(전주비빔밥축제)카빙 라이브 기관장상
- MBC "전생에 웬수들" 수박카빙 제작자
- 대회출전작품지도자상
- 과일플레이팅 최우수지도자상
- 야채조각(푸드카빙플에이팅)최우수지도자상
- 푸드카빙데코레이션 최우수지도자상
- 사)한국카빙데코레이션협회 감사패 수상
- 2018 한국음식관광협회 대회장상
- 2018 한국국제요리경연대회 기관장상

곽 명 숙

• 일반경력

- 도원 카빙아카데미 대표
- 경희대학교 대학원 석사과정중
- 한국카빙데코레이션협회 국가대표
- 한국카빙데코레이션협회 푸드카빙 자격검정시험 심사위원
- 한국카빙데코레이션협회 과일플레이팅 자격검정시험 심사위원
- 푸드카빙 자격증 필기시험 문제집 출제위원
- 푸드카빙데코레이션 이사
- 과일플레이팅 이사
- 과일플레이팅 전문강사
- 푸드카빙플레이팅 마스터
- 푸드카빙데코레이션 마스터
- 과일플레이팅 마스터
- 한국카빙데코레이션협회 인증 강의 파트너
- 이벤트카빙 프로페셔널 인증 강사
- H 조리과학고등학교 야채카빙 방과후 강사
- SB**고등학교 동아리 활동 푸드카빙 강사
- H 외식과학고등학교 동아리 활동 푸드카빙 강사
- L 백화점 문화센터 과일플레이팅 강사
- A 여성비전센터 과일플레이팅 강사

• 자격증

- 평생교육사
- 국제와인전문가 WSET Level2
- 푸드카빙데코레이션 마스터
- 푸드카빙데코레이션 1급
- 푸드카빙데코레이션 2급
- 과일플레이팅 마스터
- 과일플레이팅 1급
- 과일플레이팅 2급
- 푸드카빙플레이팅 마스터
- 푸드카빙플레이팅 기본
- 스티로폼카빙 마스터
- 스티로폼카빙 기본
- 한식 조리기능사
- 양식 조리기능사
- 중식 조리기능사
- 이태리 요리 전문가

- 출장요리 연회사
- 티 소믈리에 1급
- 바리스타 2급
- 커피핸드드립전문가 1급
- 커피바리스타전문가 1급
- 젤리플라워(젤라틴공예) 마스터
- 청소년 미술심리상담사
- 아동요리 지도사
- 힐링건강 지도사
- 방과후 지도사
- 레크레이션 상담사
- 웃음코치 상담사

• 저서

- 2017 푸드카빙데코레이션 자격증 필기시험 문제집
- 2018 동물카빙 마스터
- 2018 칵테일가니쉬 마스터

• 수상경력

- 2016 한국카빙데코레이션협회 과일플레이팅 라이브 은상
- 2016 한국카빙데코레이션협회 푸드카빙 전시 우수상
- 2016 한국카빙데코레이션협회 푸드카빙 라이브 우수상
- 2016 한국국제요리경연대회 과일플레이팅 라이브 금상
- 2016 한국카빙데코레이션협회 표창장
- 2016 한국카빙데코레이션협회 지도자상
- 2016 한국카빙데코레이션협회 과일플레이팅 최우수지도자상
- 2016 한국카빙데코레이션협회 푸드카빙 최우수지도자상
- 2017 한국카빙데코레이션협회 푸드카빙 전시 금상
- 2017 서울푸드페스티벌 푸드카빙 전시 금상
- 2017 서울푸드페스티벌 과일플레이팅 라이브 금상
- 2017 한국카빙데코레이션협회 과일플레이팅 최우수지도자상
- 2017 한국카빙데코레이션협회 푸드카빙 우수지도자상
- 2017 한국카빙데코레이션협회 푸드카빙 전시 금상
- 2017 한국카빙데코레이션협회 스티로폼카빙 우수상
- 2017 한국카빙데코레이션협회 푸드카빙플레이팅 최우수지도자상
- 2017 한국카빙데코레이션협회 과일플레이팅 최우수지도자상
- 2017 한국카빙데코레이션협회 푸드카빙 최우수지도자상
- 2017 전국요리경연대회 카빙 라이브 금상
- 2017 전주비빔밥축제 조직위원회위원장상

– 2017 대한민국 향토식문화대전 카빙라이브 단체 대상
– 2017 국제탑쉐프 그랑프리 경기도지사상
– 2018 한국호텔관광실용전문학교 공로상
– 2018 한국푸드카빙데코레이션협회 푸드카빙플레이팅 우수지도자상
– 2018 한국푸드카빙데코레이션협회 과일플레이팅 우수지도자상
– 2018 한국푸드카빙데코레이션협회 푸드카빙 베스트 티처상
– 2018 한국푸드카빙데코레이션협회 대회 우수 지도자상
– 2018 한국음식 맛체험박람회 요리경연대회 금상
– 2018 한국음식 맛체험박람회 요리경연대회 대상 농림축산식품부장관상
– 2018 한국국제요리경연대회 개인조각경연 카빙국가대표부문 금상
– 2018 한국국제요리경연대회 대회장상

• 제자수상

– 2018 한국푸드카빙데코레이션협회 과일플레이팅 라이브 대상
– 2018 한국푸드카빙데코레이션협회 푸드카빙 전시 금상
–2017 대한민국 향토식문화대전 카빙라이브 대상 외 다수

• 심사위원

– 성보경영고등학교 푸드카빙 상시(2016년 6월) 자격검정 심사위원
– 안산여성회관 과일플레이팅 상시(2016년 9월) 자격검정 심사위원
– 병천 고등학교 푸드카빙 상시(2016년 11월 자격검정 심사위원
– 성보경영고등학교 과일플레이팅 상시(2016년 12월) 자격검정 심사위원
– 한국조리과학 고등학교 과일플레이팅 상시(2016년 6월) 자격검정 심사위원
– 성보경영고등학교 푸드카빙 상시(2017년 5월) 자격검정 심사위원
– 한국카빙데코레이션 푸드카빙 상시(2017년 10월) 자격검정 심사위원
– 한국조리과학 고등학교 푸드카빙플레이팅 상시(2017년 12월) 자격검정 심사위원
– 한국카빙데코레이션 푸드카빙 50회 자격검정 시험 심사위원
– 한국카빙데코레이션 과일플레이팅 58회 자격검정 시험 심사위원
– 한국카빙데코레이션 푸드카빙 58회 자격검정 시험 심사위원
– 한국카빙데코레이션 푸드카빙 60회 자격검정 시험 심사위원
– 한국카빙데코레이션 과일플레이팅 60회 자격검정 시험 심사위원
– 한국카빙데코레이션 푸드카빙플레이팅 60회 자격검정 시험 심사위원

박 현 미

• 일반경력

- 현) 사)한국카빙데코레이션협회 이사
- 현) 사)한국카빙데코레이션협회 심사위원
- 현) 사)한국카빙데코레이션협회 강의파트너
- 현) 서울 · 서부카빙아카데미 원장
- 현) 푸드카빙데코레이션 전문강사
- 현) 푸드플레이팅 전문강사
- 현) 과일플레이팅 전문강사
- 현) 스티로폼카빙 전문강사
- 현) 이벤트카빙 전문강사
- 현) 화성시 농업기술원 과일플레이팅 강사
- 2017 두원공과대학교/ 승가대학교 자격검정심사위원 위촉
- 2017 장애인협회 카빙강의
- 2017 이마트문화센터 카빙강의
- 2018 화성시 농업기술센터. 남양읍사무소/서신면사무소 과일특강
- 한양대학교 교학처10년 근무

• 수상경력

- 2017 카빙데코레이션 경연대회 카빙전시 서울시장 대상
- 2017 사) 한국카빙데코레이션협회 지도자상
- 2017 사) 한국카빙데코레이션협회 표창장
- 2017 한국카빙데코레이션 경연대회 스티로폼카빙 대상
- 2018 한국카빙데코레이션 경연대회 카빙전시 협회장대상
- 2018 한국카빙데코레이션 경연대회 개인전시 금상
- 2018 사)카빙데코레이션협회 지도자상
- 2018 한국카빙데코레이션 경연대회 스티로폼카빙 대상
- 2018 한국 국제요리경연대회 카빙데코레이션 개인전시 금상
- 2018 한국 국제요리경연대회 과일플레이팅 라이브 금상

• 자격증

- 푸드카빙데코레이션 마스터
- 푸드카빙플레이팅 마스터
- 과일플레이팅 마스터
- 스티로폼카빙 마스터
- 이벤트카빙 프로페셔널 마스터
- 과일플레이팅 전문강사
- 심리 상담사

• 저서

- 2017 수박카빙 마스터 교재
- 2018 과일플레이팅 마스터 교재

김 미 숙

• 일반경력

– (현) 사)한국카빙데코레이션협회 이사
– (현) 사)한국카빙데코레이션협회 심사위원
– (현) 사)한국카빙데코레이션협회 과일플레이팅 전문강사

• 자격증

– 푸드카빙데코레이션 마스터
– 푸드카빙플레이팅 마스터(접시데코기술)
– 부산. 폐백이바지전문가

• 수상경력

– 2017 아티산 페스티벌 기능인대회 푸드카빙 금상
– 2017 WACS 푸드카빙경연 동상 수상
– 2018 한국카빙데코레이션경연대회 푸드카빙데코레이션 개인전시 대상
– 2018 한국카빙데코레이션경연대회 스티로폼카빙 개인전시 금상
– 2018 한국카빙데코레이션경연대회 푸드카빙데코레이션 라이브 금상
– 2018 한국카빙데코레이션경연대회 과일플레이팅 라이브 금상
– 2018 한국카빙데코레이션경연대회 푸드카빙플레이팅 라이브 금상
– 2018 한국카빙데코레이션경연대회 푸드카빙데코레이션 개인전시 서울시장상

• 저서

– 2019 푸드카빙데코레이션 자격증 필기시험 문제집

칵테일 가니쉬 자격검정 안내

- 시험일시 홈페이지 공고
- 원고 교부 및 문의처 : 한국카빙데코레이션협회 www.foodcarving.co.kr

1급, 마스터, 강사 등급별 실기시험 내용 및 응시자격

1급 — 칵테일 가니쉬 1급

칵테일 가니쉬 제시된
3개 작품을 시간 내 완성 (30분)

- 지정된 교육을 수료한 자 (연령제한없음)

마스터 — 칵테일 가니쉬 마스터

칵테일 가니쉬 제시된
2개 작품을 시간 내 완성 (1시간)

- 지정된 교육을 수료한 자 (연령제한없음)

강사 — 칵테일 가니쉬 강사

칵테일 가니쉬 제시된
2개 작품을 시간 내 완성(2시간 30분)

- 칵테일 가니쉬 1급, 마스터 자격증 소지해야하며, 지정된 교육을 이수해야만 응시가능 (연령제한없음)

전형료

필기: 30,000원, 실기: 70,000원(1급,마스터)/90,000원(강사)

-고등학교 및 대학교에서 단체로 시행되는 상시시험은 응시료가 변경될 수 있음

필기시험과목(출제비중) / 객관식 50문항(온라인 필기시험 문항 수)

칵테일 가니쉬 실무	칵테일 가니쉬 재료학	식품위생학
40%	30%	30%

합격기준

❖합격기준 점수는 필기시험과 실기시험 공통으로 적용됨
칵테일 가니쉬 1급 100점 만점에 60점 합격
칵테일 가니쉬 마스터 100점 만점에 70점 합격
칵테일 가니쉬 강사 100점 만점에 80점 합격

한국직업능력개발원 등록한 칵테일 가니쉬 자격증 소개

한국카빙데코레이션협회에서 주관하는 칵테일 가니쉬 1급, 마스터, 강사자격증은 대한민국 최초로 2015년부터 검정을 실시하여 매년12회(대구시험장 12회, 서울시험장 12회)의 정기적인 자격검정을 실시한다. 칵테일 가니쉬 자격증은 관련학과 교수들과 전문가로 구성된 칵테일 가니쉬 자격증 검정위원회를 통한 엄격한 시험문제(실기, 필기) 출제와 프로그램화된 시험채점, 공정한 감독을 통해서 운영된다.

칵테일 가니쉬 분야에서 국내 최초로 국가 정식 등록인증을 받은 자격증인 본 협회의 칵테일 가니쉬 1급, 마스터, 강사 자격증은 한국카빙데코레이션 협회에서만 검정을 시행하고 있다.

자격정보	
자격명	칵테일 가니쉬 1급, 마스터, 강사
자격의 종류	등록(비공인) 민간자격
등록번호	제 2016-000257 호
자격발급기관	한국카빙데코레이션협회
검정(응시)료	각 등급별 필기시험 3만원, 칵테일 가니쉬 1급 실기시험 7만원, 칵테일 가니쉬 마스터 실기시험 7만원, 칵테일 가니쉬 강사 실기시험 9만원
환불규정	시험 4일전까지 100% 환불, 시험 3일전부터는 환불불가

자격관리기관정보	
기관명	한국카빙데코레이션협회
대표자	김 기 진
연락처	053-763-9707(메일: 987307@hanmail.net)
소재지	대구광역시 동구 효목동 168-2번지 2층 한국카빙데코레이션협회
홈페이지	www.foodcarving.co.kr

사단법인
한국카빙데코레이션협회 소개

사단법인 한국카빙데코레이션협회는
카빙데코레이션에 대한 소비자들의 인식을 높이고, 기술력을 배양하여 선진 외식문화를 선도하고 있다. 또한, 푸드카빙을 이용한 과일 또는 야채 농가의 수익창출을 위한 농산물 사용을 촉진 할 뿐만 아니라, 과일 농가의 판매촉진을 위한 각종 농산물 박람회 등에서 재능기부 등을 통한 우리 농가의 경쟁력 향상을 위해 지속적으로 노력하고 있다. 아울러 카빙데코레이션 스킬을 보유한 협회회원들 간의 협력과 유대를 강화하여 외식산업의 건전한 발전과 공정경쟁을 추진하며, 관련 신기술을 개발, 보급하여 카빙데코레이션 전문가로서 국내 외식산업이 세계시장에서 경쟁우위를 차지할 수 있도록 할 것이다.

사단법인 한국카빙데코레이션협회는 변화하는 외식환경의 선진 외식문화산업의 국내•외 경쟁력 제고로 국내 외식산업의 발전에 기여하기 위해 설립된 카빙데코레이션 분야를 대표하는 단체이다.

한국카빙데코레이션경연대회
카빙데코레이션의
최고실력자들만
모여라!!

KCDA 사단법인 한국카빙데코레이션협회
2018 제8회 (사)한국카빙데코레이션협회 정기총회

칵테일 가니쉬에 대한 소개

최근 소비자들의 지식수준과 소득수준이 향상되고, 여가생활과 감성적인 소비가 확산되면서 소비자들의 생활 속에 식사는 내식에서 외식으로 변화하고 있다. 이러한 변화로 인하여 외식업의 경쟁은 더욱 치열하게 되었고, 식사의 품질 뿐만 아니라, 소비자들이 지각하는 분위기와 식공간의 연출 등의 요소들이 더욱 중요해지고 있는 실정이다. 즉 식생활이 단순히 생존의 의미로 배를 채우기 위한 생존의 의미가 약화되면서 음식 또는 식음료의 질이나 분위기, 서비스가 더욱 중요시되고 있다는 것이다. 같은 음료라도 어떻게 담는가, 어떤 색의 배열을 따르는가, 어떤 잔에 담아내는가에 따라서 다르게 평가된다. 음료를 구매의사 행동을 결정하는 것은 후각이나 미각 보다는 시각이 더 중요한 결정적 요인이라는 것은 많은 연구에서 검증된 바 있다. 소비자들은 식 공간에서 단순히 음료를 마시는 공간이 아닌 행복과 기쁨을 느끼는 문화 공간, 휴식공간의 여러 가지 기능적 역할을 기대하고 있다.

칵테일 가니쉬란 식 공간에서 먹을 수 있는 식재료로 음식이나 음료를 보기 좋게 장식하는 것, 식욕을 돋게 해주는 것이라 알려져 있지만, 가니쉬는 식공간의 시각적인 부분을 가장 크게 자극할 수 있는 소재일수 있다. 과일과 야채의 여러 가지 색감과 그 이미지는 식음료의 분위기를 한층 더 신선하고, 고급스럽게 만들게 된다. 또한, 소비자들의 눈을 즐겁게 해주고, 식욕증진에도 긍정적인 역할을 하게 된다. 최근 외식마케팅 분야에서 중요하게 거론되고 있는 엔터테인먼트적 요소라 할 수 있다. 즉 고객의 시각적 즐거움을 유발하여 고객이 외식상품을 구매하는 경험을 긍정적으로 만든다는 것이다.

Cocktail

PART 1

Cocktail Garnish Master

칵테일 가니쉬(Garnish) 재료학

1 과일의 영양소

과일은 각종 비타민, 무기질, 식이섬유, 항산화 영양소가 풍부한 건강에 유익한 식품으로 알려져 있다. 과일은 대체로 지방과 단백질이 적고 수분이 많다. 과일을 뜻하는 영단어 Fruit는 즐거운, 유익한의 뜻을 가진 라틴어 Frui에서 유래되었다.

과일의 상큼한 맛은 기분을 전환시키기도 하며 과일의 유용한 성분이 체액을 알칼리성으로 유지해주거나 인체에 필요한 영양을 공급하고, 체내의 불순물을 배출하기도 하는 등 과일은 우리에게 다양한 유익함을 제공한다.

다른 식품들도 그렇듯 아무리 좋은 과일도 적당한 양을 섭취하는 것이 중요하다. 과일은 혈당을 빨리 높이지 않는 편이지만 과당이나 포도당이 많이 함유되어 있어 당뇨병 환자는 섭취할 때 주의해야 하며, 식후에 과일을 많이 섭취하는 것은 좋지 않다. 본디 과당은 과일에서 처음 발견이 되어 과당, 포도당은 포도에서 발견이 되어 포도당이라 불린다고 한다.

과일에 포함된 식이섬유는 혈당상승을 완화하는 작용을 하므로 과일은 껍질 채 먹는 것이 좋고, 과일의 즙을 짜서 먹을 경우 식이섬유가 거의 없어지고 비타민 손실도 많이 되므로 생과일을 먹는 것이 좋다. 또, 제철에 재배한 자연산 과일을 다양하게 먹는 것이 가장 좋다.

비닐하우스에서 재배한 과일은 자연산 과일보다 항산화 영양소 함량이 낮다. 그리고 과일의 갖가지 색깔은 각자가 다른 항산화 영양소를 함유하고 있음을 의미하며, 그 영양소가 각자 다른 역할을 하므로 다양한 색깔의 과일을 먹는 것이 좋다.

계절에 맞추어 수확한 과일은 제철이 아닌 때 수확한 과일보다 영양소 함량이 더 많다. 여름의 제철과일은 더위를 해소해주는 효과가 있고 바나나는 열대지역에서 배앓이를 할 때 먹으면 씻은 듯이 낫는다고 한다. 이렇듯 자신이 사는 지역에서 나는 제철과일은 맛도 좋으면서 자신의 체질에도 가장 잘 맞는 것이다.

2 과일의 종류

1. 감

1) 원산지

감은 동북아시아(한국, 중국, 일본) 특유의 온대 낙엽과수이다. 문헌을 통해 추측해보면 우리나라에서는 고려시대부터 재배된 것으로 보인다. 우리나라 고유의 단감은 지리산 남부에 산재되어 있었는데, 현재 재배되고 있는 단감은 모두 일제강점기에 일본에서 도입된 것들이다. 현재 재배되고 있는 재래종은 모두가 떫은 감이다. 국내산지는 경산, 청도, 의성, 산청, 예천 등의 경상도 지방이 유명하다.

2) 생산시기

감은 품종에 따라 수확하는 시기가 약간씩 차이가 있는데, 보통 9월 하순에서 10월 하순에 수확한다.

3) 저장방법

0℃에서 폴리에틸렌 봉지에 밀봉해 두면 표면과 꼭지에서 수분이 증발하는 것을 막아 2개월간 보존할 수 있다. 온도가 상승할수록 과육이 쉽게 무르고, 상온(25-28℃)에서는 5-7일간 보관이 가능하다.

4) 특성

포도당, 과당이 주성분이며 이로 인해 단맛이 난다. 비타민 A, B, C가 풍부하고 여러 가지 유기산과 칼륨이 많아 영양가 높은 과일이라고 할 수 있다. 디오스프린이라는 타닌 성분이 떫은맛을 낸다. 수확 후 시간이 지나면 감이 스스로 만들어낸 아세트알데히드가 타닌과 결합하여 떫은맛이 나지 않게 된다.

5) 고르는 방법

감은 형태에 따라 납작한 반시, 둥근 모양의 둥시, 상투 모양의 상투감, 고둥 보양의 고둥시, 화분 모양의 본시, 둥근 형태의 원시 등으로 구분한다. 과일 깎기 작품의 형태에 맞추어 적절한 감을 고르면 된다. 한편, 크기나 육질에 따라서 다양하게 구분하기도 한다. 떫은 감은 가공하여 건시나 홍시 등으로 먹고, 주로 생식을 하는 감은 단감이다. 따라서 과일 깎기에서는 아삭한 질감을 가진 단감을 사용한다.

단감은 꼭지가 황색이면서 꼭지나 꼭지 반대쪽이 볼록하게 튀어나온 것이 씨가 고르게 박혀 있고 맛이 좋다. 껍질에 탄력과 윤기가 있으면서 표면은 울퉁불퉁하지 않으면서 얼룩이 없어야 한다. 전체적으로 색이 고르고 짙은 것이 좋으며, 꼭지 쪽에서 보았을 때 가로 세로의 비율이 비슷한 직사각형 모양이 좋다.

2. 멜론

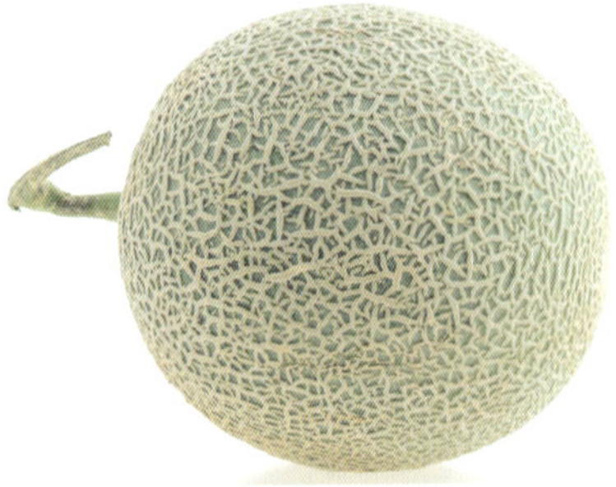

1) 원산지

북아프리카, 중앙아시아 및 인도 등을 원산지로 보고 있으나, 중동에도 야생형을 재배하고 있었기 때문에 단정하기 어렵다. 현재는 세계각지에서 온실재배를 하게 되었다.

2) 생산시기

연중 생산이 가능하며, 씨를 뿌려 채취할 때까지 100일이 걸린다. 생산제철은 7월부터 10월까지이다.

3) 저장방법

온도는 4.4℃-10℃, 습도는 85%에서 10-14일 정도 저장이 가능하다. 낮은 온도로 저장했을 경우에는 저온 장해를 입는다. 갓 딴 것은 살이 단단하고 향이 좋지 않아 실온에서 후숙 하여 먹는다. 냉장고에 넣을 때는 반드시 완숙된 것을 보관해야한다. 너무 차가운 상태에서는 단맛이 떨어진다. 에틸렌을 많이 발생하는 과일이므로 다른 과일과 함께 두지 않는다.

4) 특성

멜론은 100여종의 다양한 품종이 있는데 이를 크게 두 가지의 네트멜론과 무네트멜론으로 구분한다. 네트멜론은 표면에 그물무늬가 있고, 무네트멜론은 그물 무늬가 없이 매끈하다. 우리나라에서는 주로 네트멜론을 재배한다. 수분을 제외한 대부분은 탄수화물이다. 100g당 열량이 38kcal정도로 낮다. 품종에 따라 표피와 과육의 색이 다양한데, 녹색이나 황록색의 과육은 비타민 C가 많은 편이고 적색의 과육은 카로틴이 많은 편이다.

5) 고르는 방법

멜론은 열매가 맺힌 후 밭에서 55일에서 60일간 충분히 익힌 후 수확하지 않으면 아무리 후숙을 잘하여도 맛이 나아지지 않는다. 밭에서 충분히 익힌 멜론은 꼭지 부분이 안으로 살짝 들어가 있고 네트멜론의 경우 선명하고 균일한 네트가 꼭지와 아랫부분 끝까지 채워져 있고 무네트멜론은 껍질이 고른 것을 고른다. 들어보았을 때 무게감이 있으면서 표면은 탄력이 있는 것이 좋다.

3. 방울토마토

토마토는 식물학적으로 말하면 과일이라 할 수 있지만, 원예학적으로 말하면 채소이다. 하지만, 일반적으로 과일을 담을 때 붉은색의 대표적인 과일로써 사용되고 있다. 따라서 본 저서에서는 방울토마토도 과일의 관점에서 이해하고자 한다.

1) 원산지

토마토와 같이 남미 서부 고원지대가 원산지로 알려져 있다. 국내에서는 1990년대부터 재배되기 시작했다.

2) 생산시기

7~9월에 익어서 출하되는데, 하우스 재배로 겨울에도 생산된다.

3) 저장방법

씻은 후 물기를 제거하고 꼭지를 떼서 15~25℃에 통풍이 잘되는 그늘에서 보관한다.

4) 특성

토마토보다 당도가 높고 색깔은 붉은색, 노란색, 주황색 등 여러 가지가 있다.

방울토마토는 칼로리가 낮고 식이섬유가 많다. 방울토마토가 붉은색을 띠게 하는 리코펜은 항산화 효과가 아주 뛰어나다. 비타민 B

가 풍부하여 스트레스 해소에 효과적이고 비타민 C, A도 많아 피부에 좋다. 토마토의 효능을 더 크게 하기 위해서는 기름과 함께 먹거나 가열하여 먹는 것이 좋다.

5) 고르는 방법

무르지 않고 단단한 것이 좋고 붉은색을 띠면서 꼭지가 신선한 것을 고른다.

4. 사과

1) 원산지

코카서스에서부터 서아시아까지의 온랭한 지역이 원산지다. 현재는 러시아, 중국, 미국, 프랑스 등이 주요 생산국이며, 우리나라는 안동, 영풍, 의성, 군위 등이 주산지다.

2) 생산시기

보통 7월 말에서 11월 초에 수확하는데, 10~11월에 가장 다양한 품종으로 많은 양이 나온다. 저장용은 이보다 일찍 수확하여 저장해둔다.

3) 저장방법

껍질을 벗긴 사과는 엷은 소금물에 잠깐 담갔다가 비닐봉지에 밀봉하여 냉장고에 보관하면 변색되지 않는 상태에서 보관할 수 있다. 약 0℃, 85%의 습도에서 4~5개월간 저장할 수 있는데, 그 이하로 저장 시 내부가 갈변하거나 산패하기 쉽다. 급속 냉동이나 C.A.저장방법으로 장기간 저장했다가 봄과 여름에 출하하기도 한다. 한편, 사과를 찬 곳에 두면 과당의 성질이 변하여 단 맛이 강해진다.

4) 특성

홍옥, 국광, 부사 등의 품종에 따라 신맛과 단맛, 향 등에 차이가 있다. 사과는 에틸렌 발생량이 많은 과일이므로 후숙이 필요한 바나나나 감, 키위 등과 함께 두면 좋다. 당근과 함께 두면 쓴맛이 나게 하며 오이는 누렇게 변하도록 하는 효과가 있어 함께 두지 않는 것이 좋다. 과일을 오래두고 먹고자 할 때도 사과와 함께 두지 않도록 한다. 또한 사과에는 칼륨, 비타민C가 함유되어 있다.

5) 고르는 방법

사과는 꼭지가 있어야 신선함이 오래 유지 되고 꼭지가 푸를수록 수확한지 얼마 되지 않았다는 증거다. 잘 익은 사과는 꼭지 반대편을 보고 판단하는데, 꼭지 반대편이 푸르지 않고 붉게 변한 것이 좋다. 향이 좋으면서 전체적으로 색이 고르고 밝은 것이 좋은데, 어두운 색깔의 사과는 과숙되어 향도 좋지 않다. 만졌을 때 단단하고, 두드렸을 때 맑은 소리가 나면 좋다. 표면을 만졌을 때 기름기처럼 끈적한 것이 만져지는 것은 과숙된 것이므로 표면이 뽀드득한 것을 고른다.

5. 수박

1) 원산지

한국에는 조선시대〈연산군일기〉(1507)에 수박의 재배에 대한 기록이 나타났고, 〈도문대작〉에서는 고려를 배신하고 몽고에 귀화하여 고려인을 괴롭힌 홍다구가 처음으로 개성에다 수박을 심었다고 하였다. 오늘날에는 우수한 품종은 물론 씨 없는 수박도 생산되고 있다. 국내 밭 수박 산지는 중부이남 지방으로 고창, 무등산 수박이 유명하다.

2) 생산시기

일반적으로 4월에 농지에 직접 파종하여 7-8월에 수확하며 촉성 및 억제재배법을 이용하여 하우스수박은 연중 생산이 가능하다.

3) 저장방법

수박을 저장하는 데 최적의 온도는 2.2-4.4℃, 최적습도는 80-85%로, 저온에서 1-2주간 저장할 수 있다. 어는점은 껍질의 경우 1.8℃이고, 과육은 1.5℃이므로 냉동보관은 삼가야 한다. 또한, 호온성 작물로서 실온에 저장하는 한계온도는 20℃이다.

4) 특성

품종에 따라 껍데기의 색깔, 두께, 과육의 색, 모양이 다양한데, 주로 속살이 붉고 초록색 겉껍질에 검은색 줄무늬가 있는 것을 접하게 된다.

수분이 아주 많고 당질과 비타민 A, C와 칼륨이 함유되어 있다. 수박은 저온일수록 단맛이 증가하며 소금을 소량 첨가하면 단맛이 증가한다.

5) 고르는 방법

수박은 다른 과일처럼 겉으로 익은 정도를 판단하기 어렵다. 두드렸을 때 맑은 소리가 나고 껍데기에 광택이 나는 것, 줄이 선명한 것, 꼭지 반대편의 꽃자루를 눌렀을 때 탄력이 있으면서 그 크기가 작은 것이 대체로 달고 싱싱하다. 수박은 너무 크면 수분이 많아 향기와 맛과 영양이 떨어지게 된다. 또한, 햇빛을 받지 못한 부분은 노란빛을 내며 껍질부분에 흠이 있는데, 노란색 부분과 흠이 적은 것을 선택하는 것이 좋다.

6. 오렌지

1) 원산지

원산지는 인도이고, 주산지는 미국 캘리포니아이다.

2) 생산시기

농법이 발달하여 연중 내내 생산되는데, 2월~11월이 제철이라 이때 생산된 것은 당도가 높고 즙도 풍부하다.

3) 저장방법

1~2℃, 습도 85~90%가 저장의 최적조건으로, 이 환경에서 7~8개월 저장이 가능하다. 냉장고에서는 폴리에틸렌 봉지에 담아 1주일간 저장할 수 있다.

4) 특성

당분이 7~11%, 산이 0.7~1.2%함유되어 있어 새콤달콤한 맛이 난다. 비타민 A, B, C가 함유되어 있어 면역력 증진과 피부 미용, 빈혈예방에 좋으며 항산화 효과가 뛰어나다. 비타민을 비롯하여 칼륨, 섬유질이 많다.

5) 고르는 방법

전체적으로 둥글고 만졌을 때 단단하고 껍질은 부드러운 것이 좋고, 붉은 기가 돌 정도로 짙은 주황색을 띠는 것이 좋다. 들어보았을 때 묵직한 것은 과즙이 풍부하다.

7. 참외

1) 원산지

원산지는 아프리카 사하라 남부이고 이것이 인도, 중국 등지로 넘어갔다. 현재는 중국, 일본, 한국에서 주로 재배하고 있다. 우리나라에는 삼국시대 이전에 들어온 것으로 보인다.

2) 생산시기

여름(6~8월)에 출하되나 최근에는 하우스재배로 4계절 출하된다.

3) 저장방법

신문지에 싸서 상온에 보관하는 것이 좋다. 2℃에서는 14일간 저장 가능하다.

4) 특성

껍질은 노란색뿐만 아니라 흰색, 녹색 등이 있고 과육은 흰색이다. 수분, 칼륨, 비타민 C가 많고 과일 중에서 엽산이 가장 많다.

5) 고르는 방법

줄무늬가 선명하고 골이 깊고 향이 좋은 것이 맛있는 참외이다. 성인 남성의 주먹 크기가 가장 좋은데, 크기가 너무 크면 싱겁고 너무 작으면 식감이 떨어진다. 두드렸을 때 둔탁한 소리가 나는 것은 물이 차 있으므로 피하고, 물에 띄웠을 때 떠 있지 않는 것은 씨가 상한 것이니 씨를 제거하고 먹어야 한다.

8. 키위

1) 원산지

중국의 중 · 남부가 원산지이지만 현재 보편적으로 먹는 키위는 뉴질랜드산 개량품종이다. 국내에서는 전남, 경남, 제주지역에서 재배가 가능하다.

2) 생산시기

10월 말에서 11월 중순에 당도가 일정 수준 이상에 달하였을 때 수확한다.

3) 저장방법

딱딱한 것은 신맛이 강하므로 상온(15~20℃)에서 후숙 하여 먹는데, 냉장고에서는 한 달 정도 보관이 가능하다.

완전히 익은 키위는 냉장고에서 1~2주 보관할 수 있다. 0℃에서 습도 90%로 4~6개월 동안 장기 저장할 수 있다.

4) 특성

키위는 영양소의 밀도가 높은 과일로, 특히 비타민C, E가 매우 많다. 섬유질이 풍부하고 칼륨이 많아 고혈압에 좋으며 엽산이 있어 단백질 분해 효소가 있어 고기와 잘 어울린다.

5) 고르는 방법

껍질이 윤기 있고 색깔은 어두운색보다 갈색을 띤 것이 좋다.

손으로 쥐었을 때 전체적으로 약간 무른 느낌이 드는 것이 잘 익은 것이다.

9. 파인애플

1) 원산지

원산지는 브라질과 파라과이이고, 16세기 초에 세계로 전파되어 열대와 아열대지방에서 재배되고 있다. 한국에서는 1960년대에 들어와 하우스재배를 하고 있다.

2) 생산시기

연중 6~8월과 1~3월에 2번 수확한다.

3) 저장방법

후숙을 하면 달아지고, 완전히 숙성됐을 때 냉장고에 보관한다. 50% 착색된 파인애플은 10~12℃에서 2주간 보존할 수 있다. 숙성되지 않은 경우 10℃이하에서 저온장해를 입는다. 파인애플은 눕혀서 주기적으로 굴려주거나 거꾸로 세워서 후숙을 해야 수분이 골고루 분포되며 전체적으로 맛이 좋아진다. 주황색이 되었을 때는 바로 먹도록 해야 한다.

4) 특성

과육은 백색이나 황색을 띠며 즙이 많은데, 카로틴 색소가 노란빛을 띠게 한다.

구연산과 사과산이 있어 새콤한 맛이 나며 식욕을 돋우고 비타민 B, C와 함께 피로회복을 돕는다. 칼륨, 비타민 C가 많고 브로멜린이라는 단백질 분해 효소가 풍부하여 단백질의 소화를 돕고 육류

요리와 잘 어울린다. 또한, 식이섬유가 풍부하다.

5) 고르는 방법

껍질의 1/3 이상이 노란색으로 변하고 단 냄새가 강하게 날 때가 맛있다. 들었을 때 묵직한 것이 즙이 많은 것이고, 덜 익은 파인애플은 먹었을 때 입이 아린다.

10. 배

1) 원산지

중앙아시아가 원산지이며 현대에는 중국, 한국, 이탈리아, 미국에서 주로 생산되고 있다.

2) 생산시기

9~10월에 출하되고 11월~6월에는 저장했던 배를 출하한다.

3) 저장방법

완숙된 것을 폴리에틸렌 봉지나 신문지에 싸서 냉장고에 보관한다. 최적온도는 2~5℃ 습도는 90%이며 3개월까지 저장이 가능하다. 고온(30℃이상)에서 보관하면 흑변현상이 일어난다.

4) 특성

배는 수분이 많아 갈증에 좋고 아스파라간산이 간의 활동을 도와주어 숙취해소에도 좋다. 비타민B,C도 많아 피로회복과 피부미용에 효과적이다. 칼륨, 칼슘, 나트륨 등의 미네랄이 많이 함유된 루테올린이 가래나 천식, 기침에 효과적이고, 해열에 효과가 있어 예로부터 민간요법에 많이 사용되었다. 연육효소가 있어 고기요리와 어울리고, 껍질에 함유된 펙틴은 콜레스테롤 수치를 낮춰주기도 한다.

5) 고르는 방법

껍질이 팽팽하고 묵직하며 상처가 없는 것이 좋다. 잘 숙성된 것은 향기가 나며 크기가 클수록 단맛이 난다. 모양은 전체적으로 둥글어야 과육의 단맛이 일정하며, 전체적으로 푸른 부분이 없어 색이 일정해야 한다.

3 채소의 종류

1.파프리카

1) 원산지

파프리카는 색깔이 다양하여 착색 단 고추라고 지었다.
파프리카는 중앙아메리카 원산으로 알려져 있다.
우리나라에는 피망을 개량한 작물이 '파프리카' 라는 이름으로 들어왔기 때문에 피망과 파프리카가 다른 것이라 인식하고 있다

2) 생산시기

4월~7월, 8월~12월에 재배한다.

3) 저장방법

피망 또는 파프리카는 물기가 있으면 상하기 쉽다.
그리하여 물기제거 후 랩핑 하여 보관하는 방법이나
비닐 팩에 넣어 보관해주는 것이 좋다.

4) 특성

피망과 파프리카는 빨강, 노랑, 주황, 초록 등의 다양한 색이 있으며, 풍부한 비타민 C가 함유되어 있다.

5) 고르는 방법

피망은 꼭지가 싱싱하고 광택이 나면서 짙은 녹색 인 것이 좋다. 표피가 두껍고 표면이 단단하여야 신선한 것이다. 파프리카는 특성대로 색깔이 밝고 선명한 것이 좋다.

여름철 온도가 높을 시 상품이나 수확 후 장기간이 지난 경우에는 꼭지부분부터 부패하므로 조심하여야 한다.
단단하지 않은 것들은 수확시기를 놓친 상태로 수확한 것이거나 장기간 저장을 한 것 이다. 또한 색이 고르지 못하고 얼룩덜룩 한 것들은 좋지 않다.

2. 애호박

1) 원산지

호박의 원산지는 아메리카 대륙의 열대지방인
중앙아메리카 • 남아메리카로 알려져 있다.
동남아시아, 유럽, 중국에 분포하며 우리나라에는 임진왜란 이후에 중국에서 들어오기 시작했다.

2) 생산시기

3월~10월까지 재배한다.

3) 저장방법

애호박은 수분이 날아가지 않도록 수분을 충분히 없앤 후
종이 또는 신문지에 싸서 보관한다. 애호박을 썰어놨을 경우 수분이 날아가지 않도록 비닐 팩에 넣어 보관하거나 플라스틱 통에 넣어 공기를 차단시킨 후 보관한다.

4) 특성

주키니 호박이라 불리며, 성숙도에 따라 영양성분이 다르다.
비타민 A와 비타민C가 풍부하며 소화기계통을 보호한다. 아이들의 이유식 또는 영양식으로 매우 적합하다.

5) 고르는 방법

표면에 흠집이 없으며 꼭지가 신선한 상태로 달려 있는 것이 좋

다. 잘랐을 때 씨앗이 너무 크면 오래된 것이며, 표면이 딱딱하고 상처가 없는 것으로 고른다.

3. 당근

1) 원산지

아프가니스탄으로 알려져 있다. 유럽, 아프리카북부, 소아시아의 원산으로 동양종, 서양종으로 나누어진다. 유럽에는 10~13세기에 아랍 지역으로부터 들어왔으며, 중국에는 13세기 말 원나라 초기에 중앙아시아로부터 들어왔다. 한국에서는 16세기부터 재배하기 시작하였다.

2) 생산시기

4~6월, 9~11월이 제철이다. 고랭지에서는 5~9월에 재배한다.

3) 저장방법

흙이 묻은 상태에서는 신문지를 감싸 보관하며 흙이 묻은 상태로 보관하는 것이 좋지만, 깨끗이 씻은 당근일 경우에는 흠집이 있는 당근을 분리한 후 비닐 팩에 밀봉하여 보관한다.

4) 특성

당근의 비타민 A와 카로틴성분은 체내에 흡수되어 시각적인 기능에 영향을 준다. 당근은 서늘한 시후에서 자란다. 따라서 고온일 경우 자라지 않는다. 따뜻하고 맛은 달다.

5) 고르는 방법

색이 일정하고 표면이 매끄러우며 진한 광택을 띄고 있는 것이 좋다. 단단하고 뿌리 끝이 가늘수록 심이 적고 조직이 연하다. 직접 만져봤을 때 단단하며 뿌리가 가는 것이 좋다.

4. 오이

1) 원산지

오이의 원산지는 북서부에서 유래된 것으로 추정된다. 2000년 중국에 전파되었으며, 국내에서는 10세기에 전파되었다.

2) 생산시기

5월~8월, 8월~12월에 출하된다.

3) 저장방법

구입즉시 먹거나 촉촉한 신문지나 구멍 난 비닐에 싸서 냉장고에 보관하는 것이 좋다.

4) 특성

높은 온도에서 재배되며 낮은 온도에 약하다. 피부미용, 이뇨작용 및 부종예방에 효과적이다.

5) 고르는 방법

오이의 표면색이 짙고 단단해야 하며 광택이 있어야 한다.
굵기가 고르며 꼭지가 싱싱한 것이 좋다.

5. 대추

1) 원산지

남부유럽과 동남아시아이다. 대추는 우리나라를 비롯하여 중국, 일본, 아시아지역, 독일 등 유럽지역 및 캘리포니아 중심으로 한 미국대륙의 남부 지역에서 재배되고 있다. 우리나라 대추 주산지는 충주, 단양, 음성, 영춘, 경상도지방, 충청도지방 등이다.

2) 생산시기

6월~10월 가을이 제철이다.

3) 저장방법

공기가 통하지 않도록 비닐 팩에 밀봉하여 상온 보관한다.

4) 특성

대추 꽃은 기후가 맞는 경우 한 달 이상 피었다 지었다 반복한다. 또한 일조량이 풍부한 온화한 기후에서 잘 자란다. 한국에서는 충청북도 보은 대추가 유명하며, 여성들에게 좋은 음식이다.

5) 고르는 방법

건대추일 경우 겉 표면에 주름이 고르게 있어야 하며 짙은 붉은색을 띄어야 한다. 또한 손으로 눌러보았을 때, 탄력이 있어야 하며 대추 특유의 향이 진해야 한다.

6. 무

1) 원산지

국내에서는 봄 무 주산지로 부산, 김해, 나주, 원주 등에서 생산되고, 여름 무 주산지로는 평창, 홍천, 삼척 등에시 생산된다.

2) 생산시기

연중 생산이 된다. 봄 무는 6~7월, 여름 무 8~9월에 수확하며 가을 무는 12월에 수확된다.

3) 저장방법

저온을 유지하며 습도를 높여주면 오래 보관할 수 있다,
저장적정온도는 0°C,습도는 90-95%가 최적조건으로 약 3개월 정도 보관할 수 있다. 바람이 직접 닿지 않도록 주의해야 한다.

4) 특성

비타민C가 풍부하다.

5) 고르는 방법

표면이 깨끗하며 잔뿌리가 많지 않아야한다.
잎이 파란 것이 맛이 좋다.

7. 연근

1) 원산지

원산지는 인도, 이집트, 중국이 주 생산지이다. 국내 주 생산지는 전남 송정, 함평, 영산포, 전북 이리, 경북 경산, 경남 함양, 김해, 경기 구리 등이 있다.

2) 생산시기

4월에서 5월에 뿌리를 심어 9월초에서 이듬해 5월 상순까지 수시로 수확한다.

3) 저장방법

연근은 공기가 통하지 않도록 랩으로 싸서 10℃이하로 보관하는 것이 좋다. 공기가 닿으면 흑갈색으로 갈변이 되는데 갈변을 막기 위해서는 식초에 담가두면 본래의 색을 유지할 수 있다. 또한 철분에 의해 갈변이 더욱 심하니 쇠칼을 사용하지 않는 것이 좋다.

4) 카빙용 연근

연근은 특이한 모양으로 바위를 표현할 수도 있고, 슬라이스 한 연군의 모양 그대로를 장식하는데 사용할 수도 있다. 연근은 대형작품의 부재료로 많이 사용된다. 연근의 갈변은 오히려 바위를 표현할 때 더욱 자연스러운 연출을 유도한다.

Cocktail

PART 2

Cocktail Garnish Master

칵테일 가니쉬(Garnish) 실무

제 3장 칵테일 가니쉬의 개요

제 4장 과일에 대한 이해

제 5장 칵테일 가니쉬 도구

제 6장 칵테일 가니쉬 글라스 종류

4 칵테일 가니쉬의 개요

사회가 발전하면서 고객들의 행복과 즐거운 경험을 주는 새로운 영역들이 나타나고 있다. 푸드코디네이터, 푸드 스타일링 등이 한 예라고 할 수 있다. 음식의 데코레이션은 빼놓지 않는다.

그 이유는 고객에게 시각적인 즐거움을 주기 위해서이다. 식음료 부분도 마찬가지이다. 솜사탕칵테일, 상어칵테일, 젤리칵테일 등 여러 가지 칵테일들이 나오고 있다. 이 또한 고객들에게 행복과 시각적인 즐거움을 주기 위해서 이다. 현대의 고객들은 모두 특별하다. 현대의 모든 특별한 고객들의 욕구를 충족시켜주고, 식 공간에서 행복하고 즐거운 경험을 하도록 만드는 것은 외식기업이 성공하는데 중요한 결정적 요인이 되고 있다. 따라서 고객들의 욕구를 충족시켜주기 위해서는 전문바텐더라면 전문 가니쉬 스킬도 가지고 있어야 할 것 이다.

칵테일 가니쉬에 대해 좀 더 자세히 살펴보면 칵테일(Cocktail)이란 일반적으로는 알코올음료에 또 다른 술을 섞거나 혹은 과즙류나 탄산음료 또는 향료 등의 부 재료를 혼합하여 맛, 향기, 색채의 조화를 살린 음료라는 의미가 있으며 가니쉬(garnish)의 사전적 정의는 먹을 수 있는 식재료로 음식이나 음료를 보기 좋게 장식하는 것, 식욕을 돋게 해주는 것 이라는 사전적인 의미를 나타난다.

칵테일과 가니쉬의 합성어로서 식음료 데코레이션은 음료가 돋보일 수 있도록 아름답게 장식하는 것을 의미한다.

따라서 식음료 데코레이션이란 식 공간을 그 목적과 식음료에 맞는 이미지 연출로 고객의 시각을 자극하여 음료의 전반적인 질을 높여주고 고객의 눈을 즐겁게 해 주는 것이라 할 수 있다. 이는 고객들의 식음경험을 긍정적으로 평가 하도록 만들고, 만족수준을 높여 재구매 의도와 긍정적인 구전을 하도록 만들게 된다. 또한, 일반적인 재료인 야채나 과일을 이용함으로써 계절감을 느낄 수 있게 해주며, 입체감이 살아있어 음료의 생동감을 표현해 줄 수 있다.

일상에서 쉽게 구입 할 수 있는 재료를 사용하기에 사람들에게 친숙하게 느껴질 뿐만 아니라, 행사장의 분위기와 연출 수준을 유지시켜줄 수 있다. 또, 최근에는 플레이팅에 대한 수요가 늘어나고 있다. 오늘날에는 경제성장에 따라 식생활을 통해 정신적이고 사회적인 욕구 또한 충족하고자 하는 분위기가 형성되고 있다.

여가문화, 파티문화가 발달함에 따라 가정에서 손님을 접대하는 횟수가 많아졌고 더욱 고급스럽게 손님을 대접하고자 하는 욕구가 생겼으며, 생활에 여유가 늘어나자 자신의 가족이나 본인의 만족을 위해 음식 또는 음료 하나도 아름답게 담아내고자 하는 사람들이 많아졌다.

이러한 맥락에서 플레이팅 기술은 가정의 전반적인 생활의 질을 향상하는 데 기여할 수 있다.

5 과일에 대한 이해

1. 과일 세척 및 손질

1) 가운데에 딱딱하고 큰 씨앗이 있는 과일 - 살구, 자두, 복숭아, 아보카도, 망고

세척 흐르는 물에 깨끗이 씻는다. 복숭아는 흐르는 물에 여러 번 씻어서 복숭아털을 제거해줘야 하고, 특히 껍질이 얇아 그대로 먹는 자두나 살구 같은 과일은 신경을 써서 씻어준다.

손질 망고는 가운데의 길고 얇은 씨앗을 중심으로 3등분을 하면 쉽게 씨앗을 제거할 수 있다. 다른 과일들은 씨앗이 있는 부분까지 칼을 넣어 가운데에 세로로 360° 칼집을 내준다. 반으로 갈라진 과육을 잡아 서로 반대방향으로 비틀어서 씨앗과 과육을 분리해낸다. 한 쪽 편 과육에 붙은 씨앗은 칼로 빼내거나 한 번 더 반으로 칼집을 내어 손으로 비틀어 빼낸다. 껍질은 칼로 깎아내고, 껍질이 잘 벗겨지는 과일은 손, 숟가락 등으로 분리해낼 수 있다. 세로로 등분하기, 가로로 슬라이스하기 등의 방법으로 잘라내면 되고, 아보카도나 망고는 과육이 크고 부드러워 깍둑썰기를 하거나 스쿱으로 떠낼 수도 있다.

2) 작은 씨앗이 중심부에 있는 과일 - 사과, 배, 감, 참외

세척 물에 1분 정도 담갔다가 흐르는 물에 씻는다.

손질 반으로 가르거나 조각을 낸 후 껍질을 깎으면 통째로 껍질을 깎을 때보다 다루기가 좋다. 꼭지부분은 잘라내고 씨는 세로로 길게 파내거나 가로로 홈을 내어 잘라낸다. 참외 씨의 경우 긁어주면 쉽게 제거되고 감의 씨는 경우에 따라 칼로 쉽게 빼낼 수 있다. 껍질은 과육과 색이 다르고 유연성과 탄력이 있어 모양을 내기 좋다. 세로로 등분하거나 가로로 슬라이스를 하는 등 다양한 방법으로 잘라낼 수 있다.

3) 감귤류 - 오렌지, 자몽, 레몬, 귤

세척 껍질을 먹지 않더라도 과일을 다루는 과정에서 표면에 있는 광택제나 농약이 과육에 옮겨갈 수 있기 때문에 베이킹 소다로 씻거나 굵은 소금으로 문지르거나 식초 물에 담가둔다. 껍질에 홈이 많으므로 껍질을 이용할 경우 세 가지 방법을 모두 다 이용하여 세척하는 것이 좋다.
손질 껍질을 손으로 벗긴 후 결대로 쪼개서 낸다. 두꺼운 껍질을 그릇처럼 이용하여 속살을 작게 잘라 넣거나 껍질의 모양을 살려 슬라이스해서 낼 수도 있다. 겉껍질과 속껍질의 색이 다른 것을 이용하여 모양을 내주는 방법도 있다.

4) 크기가 큰 과일 - 수박, 멜론, 파인애플

세척 껍질을 가볍게 물로 씻어준다.
손질 세로로 등분하거나 가로로 슬라이스 하여 멜론은 가운데 씨를 긁어내고 파인애플은 가운데 심을 잘라낸다. 껍질과 속살을 분리하여 깍둑썰기하거나 슬라이스 형태로 내면되고, 수박이나 멜론은 질긴 섬유질이 없어 스쿱으로 떠낼 수도 있다. 큰 과일의 껍질은 그릇으로 쓰기 좋다.

5) 작은 알 형태의 과일 - 방울토마토, 블루베리, 체리, 포도, 딸기

세척 물에 오래 담가두면 영양소가 빠져나가고 잘 물러지므로 흐르는 물에 씻는다. 꼭지가 있는 것은 꼭지를 떼지 않은 상태에서 씻어야 영양소가 빠져나가지 않는다. 포도는 1분간 물에 담가뒀다가 흐르는 물에 씻어준다.
손질 그대로 내거나 작게 잘라 낼 수 있다. 껍질을 벗길 수 있는 것은 벗겨서 모양을 낼 수도 있다.

6) 기타 과일

키위 물에 문질러 씻은 다음 잘라서 껍질을 벗기거나 껍질을 벗겨 자른다. 세로로 등분하거나 가로로 슬라이스 할 수 있고 껍질 채로 반을 갈라 숟가락으로 떠먹을 수도 있다.

석류 물로 씻은 후 껍질에만 칼집을 내어 손으로 갈라준다. 알맹이가 터지지 않도록 조심해서 털어낸다.

바나나 껍질이 튼튼하여 그릇처럼 이용할 수 있다. 속살을 다양한 방법으로 잘라 껍질 위에 올려서 낸다. 껍질과 속살을 분리하지 않고 다양한 방법으로 잘라 속살과 껍질 색깔의 대비를 이용하여 담아 낼 수도 있다.

2. 과일의 맛있는 온도

대부분의 과일은 5-10℃ 근방에서 가장 맛있다. 온도가 높으면 단맛이 떨어지고 너무 차가우면 질감이 나빠진다. 반면 열대과일은 상온에 두고 먹는 것이 더 달고 맛있다.

딸기	4-5℃	자두	4-5℃	감	5-7℃
사과	4-5℃	오렌지	5℃	복숭아	8-13℃
배	4-5℃	참외	5-7℃	수박	8-10℃
포도	4-5℃	멜론	5-7℃	토마토	12-13℃

3. 과일의 갈변

사과, 바나나, 복숭아, 배, 살구 등은 깎아서 상온에 두면 갈색으로 변한다. 산소와 접촉하면 과일 속의 폴리페놀산화효소가 작용하여 페놀화합물이 산화되게 하므로 갈변이 일어나는 것이다. 일반적으로 사용할 수 있는 갈변방지 방법은 다음과 같다.

① 물에 담가 일시적으로 산소와 접촉하는 것을 막는다.
② 소금물에 담가 효소의 활성을 저해시킨다.
③ 설탕물에 담가 산소의 접촉을 막는다.
④ 살짝 데쳐서 효소를 불활성화한다. 맛이 변할 확률이 높다.
⑤ 레몬즙, 오렌지즙에 담가 효소의 활성을 저해한다. 과일의 향도 더 좋아진다.
⑥ 비타민C를 처리하여 산화를 막는다.
⑦ 식초 물에 담가 효소의 활성을 저해시킨다.

6 칵테일 가니쉬 도구

1. 샤토나이프

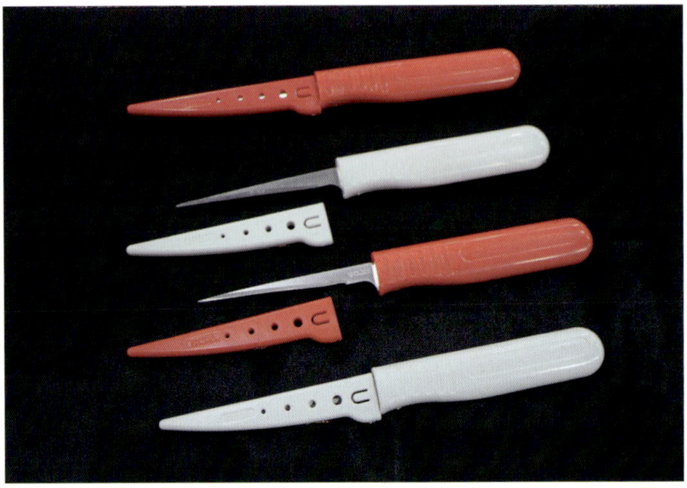

날이 얇고 끝이 뾰족하여 섬세한 작업을 하기 좋다.
과일 껍질에 무늬를 만들 때 유용하다.

2. 스쿱(Scoop)

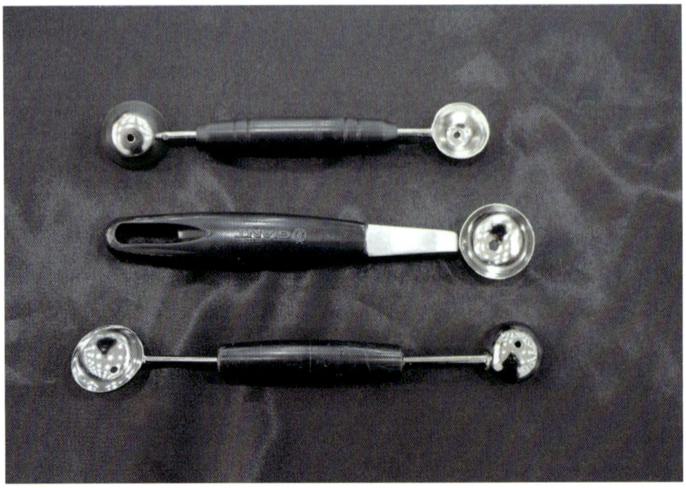

질긴 섬유질이 없고 부드러우면서도 잘 으스러지지 않는 과일은 스쿱으로 돌려가며 구슬 모양으로 떠낼 수 있다.

3. 조각도

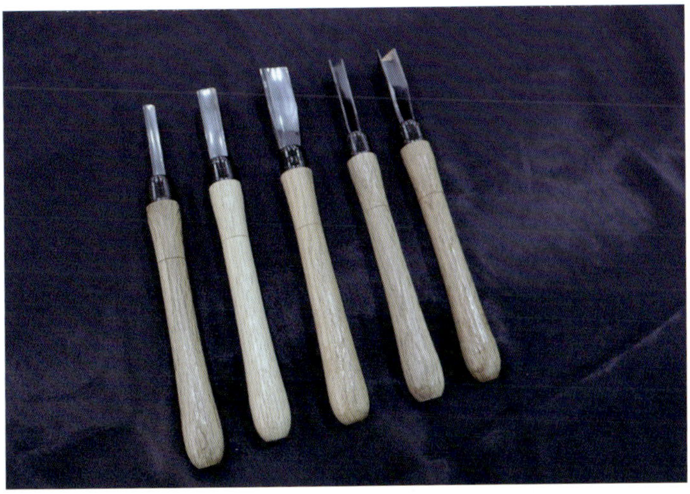

곡선이나 뾰족한 모양을 만들 때 이용한다.

4. 스텐조각도

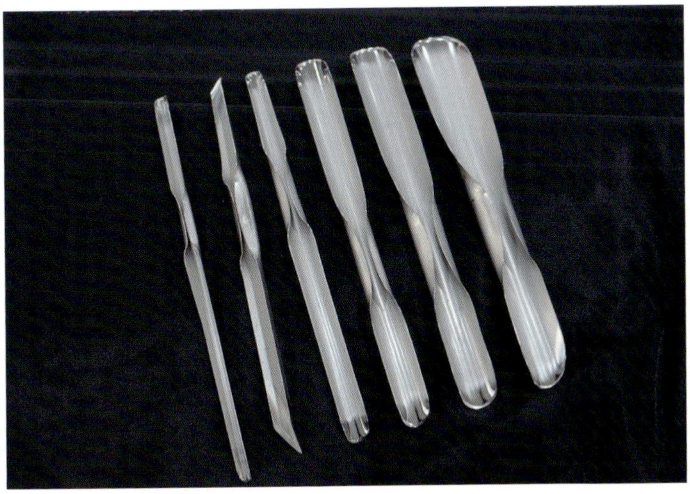

곡선이나 뾰족한 모양을 만들 때 이용한다.

5. 커터(Cutter)

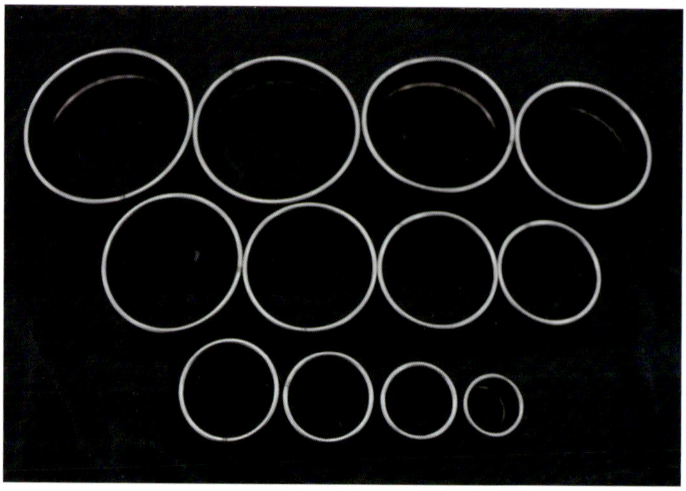

다양한 모양의 커터로 과일을 찍어 모양을 낼 수 있다. 원형커터로는 파인애플심이나 사과, 배 등의 씨 부분을 간편하게 제거할 수 있다. 별모양, 꽃모양 등 다양한 형태의 원형커터가 판매되고 있다.

6. 풀카빙나이프

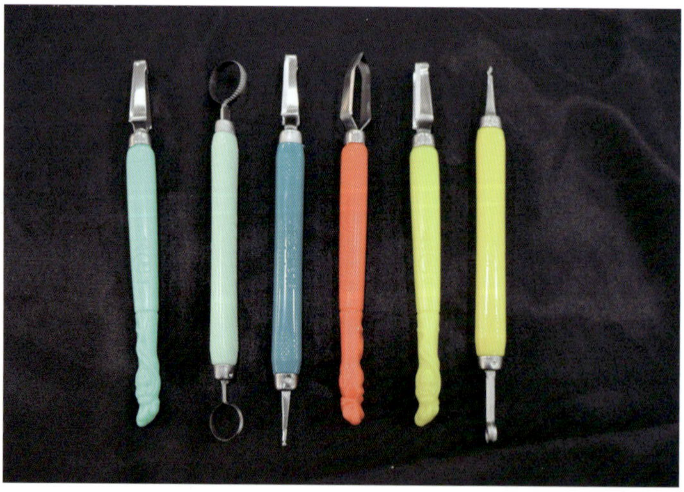

풀 카빙 나이프는 당기다(pull)라는 뜻을 가진 이 조각도는 기존에 밀면서 쓰는 각도, 둥근칼과는 다르게 당기면서 쓰는 조각도로 좀 더 섬세한 라인을 표현할 수 있으며, 다양한 모양을 만들 수 있도록 여섯 가지의 종류로 나뉘어져 있다.

7. 식칼

큰 과일을 자를 때 식칼을 이용하면 큰 힘을 들이지 않고 자를 수 있다. 과일을 크게 잘라 내거나 껍질을 깎을 때도 쓰인다. 과일을 깎을 때 가장 많이 사용되는 도구로써 이 칼만으로도 다양한 형태의 과일 깎기를 할 수 있다. 특히 사과 돌려깎기를 할 때는 이 칼을 이용하여 돌려깎기 한다.

8. 린넨(linen)

칵테일글라스, 샴페인글라스, 와인글라스 등등 식음료 잔들을 깨끗이 닦는 용도로 쓰인다.

9. 꼬지(Pick)

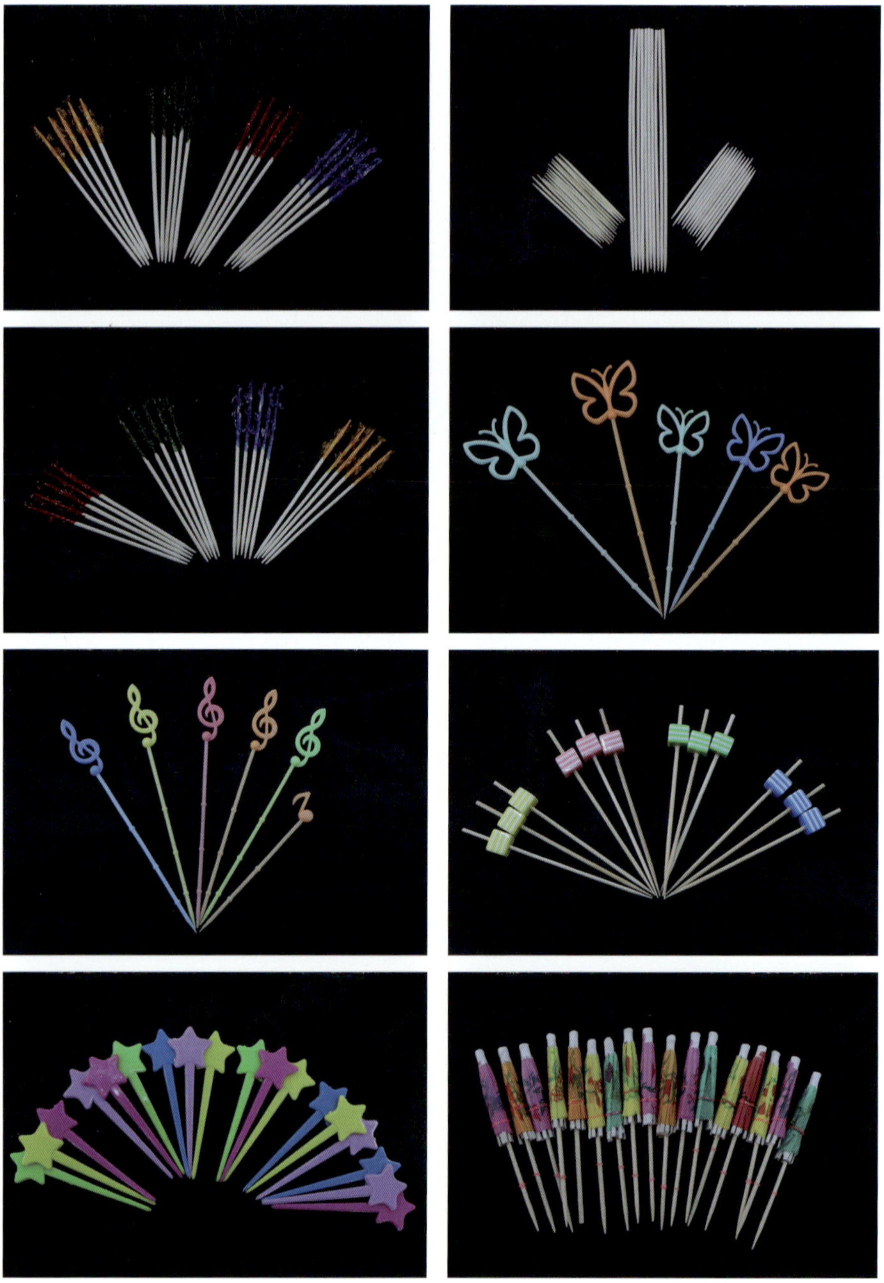

메론, 오렌지 등의 과일을 카빙 할 때 껍질을 고정시키는 용도로 사용될 수 있고, 꼬지에 여러 가지 과일을 꽂아 다양한 색감으로 화려하게 연출 할 수 있다.

10. 감자칼

가니쉬에서 감자칼은 껍질을 벗길 때 뿐 만 아니라 야채의 표면을 매끄럽게 만드는데 사용하기도 하고, 야채와 야채의 접착부분의 곡선을 만드는데 사용하기도 한다.

7 칵테일 가니쉬 글라스 종류

위스키 글라스 (Whiskey Glass), 샷 글라스 (Shot Glass)

크기는 싱글: 30ml 더블: 60ml 두 가지가 있다.

정도의 작은 잔으로 위스키를 스트레이트로 마실 때 사용.

올드 패션 글라스 (Old Fashioned Glass),

록 글라스 (Rock Glass)

용량: 120~180ml

위스키나 칵테일 온더록스 (On The Rocks)

스타일로 마실 때 사용.

리큐어 글라스 (Liqueur Glass), 코디얼 글라스 (Cordial Glass)

용량: 1온스 (30ml)

계량컵 대신 사용가능.

리큐어나 위스키를 마실 때 사용.

칵테일 글라스 (Cocktail Glass), 마티니 글라스 (Martini Glass)

용량 : 3온스(90ml)가 표준이며 2온스에서 4온스까지 다양.

계란을 이용하는 칵테일은 용량이 120ml~150ml인 칵테일글라스를 사용함.

칵테일에 가장 많이 사용.

마르가리타 글라스 (Margarita Glass)

쿠페트(Coupette)라 부르기도 하며 가장자리가 넓은 형태라
소금을 입히거나 프로즌(Frozen)스타일의 칵테일에 주로 사용.
원통형이며 받침대가 따로 없다.

하이볼 글라스 (Highball Glass)

용량: 6온스~10온스 (180ml~300ml)
표준적으로 8온스 (240ml)
탄산이 들어가는 칵테일에 주로 사용.
비 알코올 칵테일, 과일주스 등에 많이 사용.

허리케인 글라스 (Hurricane Glass),
피나콜라다 글라스 (Pinacolada Glass)

주스가 많이 들어간 펀치류, 프로즌 칵테일에 사용.

샴페인 글라스 (Champagne Glass)

크림이나 달걀을 이용하여 만든 칵테일이나 샴페인을 사용하여 만든 칵테일에 사용하며 디자인에 따라 두 가지로 분류함.

소서(Saucer형)

용량: 120ml

입구 부분이 넓으며 소서형 글라스를 사용하면 가스가 빨리 달아남.

브랜디 글라스 (Brandy Glass)

용량: 296ml

글라스 안에 향을 담기 위한 튤립형 글라스로 입구가 좁고 몸통이 굵다.

플루트형(Flute형)

용량: 90~180ml

글라스가 가늘고 길며 가스가 잘 빠져나가지 않아 샴페인이나 탄산을 사용하는 칵테일에 사용.

고블렛 글라스 (Goblet Glass)

용량: 300ml

대용량의 다리가 달린 글라스.

얼음이 넘칠 정도로 많은 Long Drink, 맥주, 비 알코올 칵테일에 사용.

쉐리 글라스 (Sherry Glass)

용량: 60ml~75ml(표준 60ml)

리큐르 글라스와 와인글라스의 중간크기.

위스키나 Spirits를 스트레이트로 마실 때 이용.

필스너 글라스 (Pilsner Glass)-1

트로피칼 칵테일(열대과일, 혼성주)에 사용.

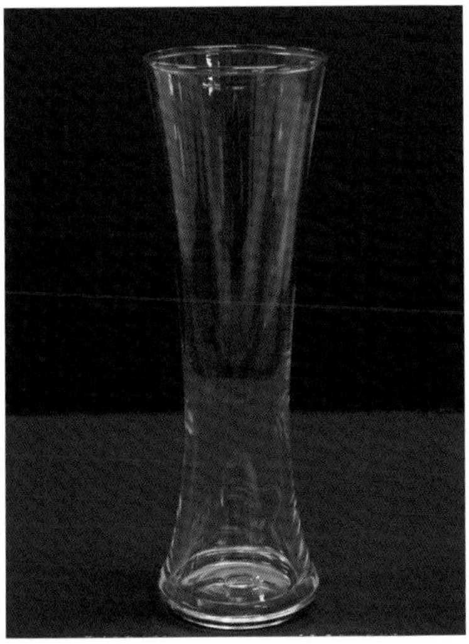

필스너 글라스 (Pilsner Glass)-2

트로피칼 칵테일(열대과일, 혼성주)에 사용.

Cocktail

PART 3

Cocktail Garnish Master

식품위생학

제 8장 식품오염

제 9장 지켜야할 개인위생 사항

제 10장 개인위생을 위한 필수 요건

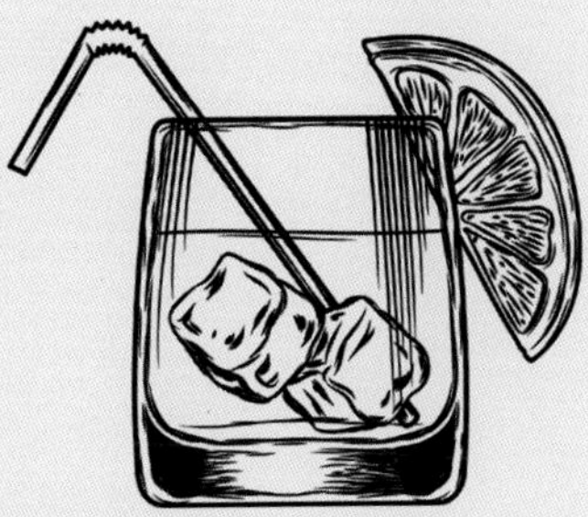

8 식품오염

안전한 음식의 가장 위험한 장애물은 사람이다. 식중독을 일으키는 원인이 사람인 경우가 많다는 것이다. 청결한 몸 관리와 개개인의 위생관리는 식중독 방지에 있어서 매우 중요하다.

식자재가 구입되어 주방에서 처리되는 과정의 모든 단계는 사람이 관여하게 되며, 이때 부주의에 의해 오염될 가능성에 노출되어 있다. 조리사들의 청결하지 않은 머리카락과 작업을 할 때 분비되는 타액 및 공기, 점액, 땀, 분비물, 손톱 등은 다양한 병원균을 함유하고 있는데, 이는 음식을 조리하는 과정에서 오염되어 고객에게 전염이 된다. 청결한 개인위생관리는 식중독을 방지하는 데 매우 중요하며, 고객들에게 위생적인 음식을 제공할 수 있다. 음식점에서는 체계적이고 표준화된 위생관리를 통해 주기적으로 위생교육을 실시하여 식중독사고를 미연에 방지해야한다.

식재료는 구입 전 생산지에서부터 여러 가지 미생물과 화학물질, 중금속 등에 의해 오염되었을 경우를 제외하고는 대부분 조리사에 의해 오염된다. 건강한 조리종사자의 경우에도 병원균을 가지고 있다.

조리업무는 육체적 노동 작업이 많아 땀 및 분비물 등에 의해 병원균에 노출될 수 있고, 상처를 입어 세균에 감염될 수 있다. 따라서 조리종사자들은 아래와 같은 행동을 삼가야 한다.

1. 머리카락을 만지는 행동
2. 머리를 긁는 행동
3. 귀와 코를 만지는 행동
4. 손톱을 길러 이물질이 있는 상태로 손작업을 하는 행동
5. 칼에 베이거나, 데인 상처가 있는 상태로 작업을 하는 행동
6. 큰 소리로 떠들며 작업을 하는 행동
7. 음식물 앞에서 기침 및 재채기를 하는 행동
8. 주방에서 가래와 침을 뱉는 행동
9. 더러운 복장을 착용하고 작업하는 행동
10. 식중독에 증상이 있는 조리사가 주방업무를 보는 행동
11. 주방에서 흡연을 하는 행동
12. 오염된 신발을 신고 주방에서 업무를 보는 행동
13. 위생모와 스카프를 착용하지 않고 근무하는 행동

또한 조리종사자들은 병자와 접촉하거나 오염된 물건, 시설, 도구 등을 만져 음식을 오염시킬 수 있다. 건강한 조리종사자의 비위생적인 행동, 습관이 음식을 오염시킬 수 있는 중요한 요인이 된다. 따라서 외식업체에서는 개인위생관리지침을 세계회하여 조리사들이 올바른 개인위생관리를 할 수 있도록 해야 한다. 따라서 업소의 상황에 맞는 표준화된 위생관리 지침을 만들어 모든 조리사들이 볼 수 있는 적당한 위치에 부착하여 숙지하도록 해야 한다. 철저한 개인 위생관리는 사람에 의한 오염을 미연에 방지할 수 있다. 개인위생관리에서 꼭 지켜야 하는 항목들을 살펴보면 다음과 같다.

1. 위생 사고를 예방할 수 있는 올바른 지식을 습득하고 실천한다.
2. 정기적인 건강검진을 받는다.
3. 항상 청결한 복장을 유지하고, 오염된 조리복은 바로 갈아입는다.
4. 손의 청결을 유지하기 위해 자주 손을 씻어준다.
5. 머리카락이 떨어지지 않도록 짧고 단정하게 하고, 위생모를 꼭 착용한다.

9 지켜야할 개인위생 사항

조리사들의 개인위생은 자신뿐만 아니라 고객들의 건강을 지키기 위해 그 중요성을 아무리 강조해도 지나치지 않다. 조리사들이 지켜야할 의무적인 사항들은 음식점 마다 다르고, 그 환경 및 상황에 따라 다르겠지만, 그 내용들을 요약해 보면 다음과 같다.

1. 개인위생을 위한 규칙과 식중독을 일으키는 원인에 대한 숙지
2. 손톱은 이물질이 끼지 않도록 짧게 깎는다.
3. 화장품을 바르지 않는다.
4. 손은 자주 세척한다.
5. 조리 작업 시에는 장신구를 착용하지 않는다.
6. 화장실 이용 후에는 반드시 손을 씻는다.
7. 오염된 도구와 장비는 음식이 닿지 않도록 한다.
8. 조리 업무 중 잡담을 하지 않는다.
9. 항상 살균된 청결한 행주만 사용한다.
10. 외부 오염물질이 주방으로 들어오지 못하도록 관계자 이외 출입을 금지시킨다.
11. 상처를 입었거나 질병에 걸린 조리사는 조리업무에서 배제시킨다.
12. 복장은 항상 청결하게 유지한다.
13. 조리작업 중 신체부위를 만지지 않는다.
14. 조리작업 중 껌을 씹는 행동을 하지 않는다.
15. 식품의 맛을 볼 때는 개별식기를 이용한다.
16. 반지, 귀걸이, 시계 등의 장신구는 하지 않는다.

10 개인위생을 위한 필수 요건

1. 손 씻기 및 관리

음식점의 주방에서 근무하는 조리사들이 가장 많이 사용하는 신체 부위가 손이고, 식중독을 가장 많이 일으키는 개인위생 요인도 손이다. 따라서 손은 가장 중요하게 다루어야할 개인위생 항목이다. 자주 손 씻기를 하지 않거나 청결하게 유지하지 않으면 다양한 병원균이 성장하기 좋은 환경을 만들어 주는 것이며, 오염된 손은 음식에 2차 오염을 시키게 된다.

1. 식재료를 정리하는 중 손에 흙 또는 오염물이 묻은 경우
2. 쓰레기통 및 쓰레기를 만진 후
3. 익히지 않은 식재료(닭고기, 생선, 고기류)를 다루기 전, 후
4. 더러운 조리복, 앞치마, 위생모, 안전화, 행주 등을 만진 후
5. 머리 또는 얼굴과 같은 신체의 일부분을 만진 후
6. 상처를 만진 후
7. 화장실을 이용한 후
8. 식품에 사용하면 안 되는 화학물질을 만진 후
9. 재채기, 기침 등을 하면서 손으로 막은 후
10. 오염된 주방기기, 시설, 그릇을 만진 후
11. 설거지를 하고 난 후
12. 음식물 찌꺼기를 처리했을 경우
13. 흡연을 한 후
14. 돈을 만진 후
15. 식사 또는 휴식 후
16. 주방에서 근무를 시작할 때
17. 로션을 사용한 경우
18. 식사를 한 후
19. 청소를 한 후
20. 기타 불결한 것을 만진 후

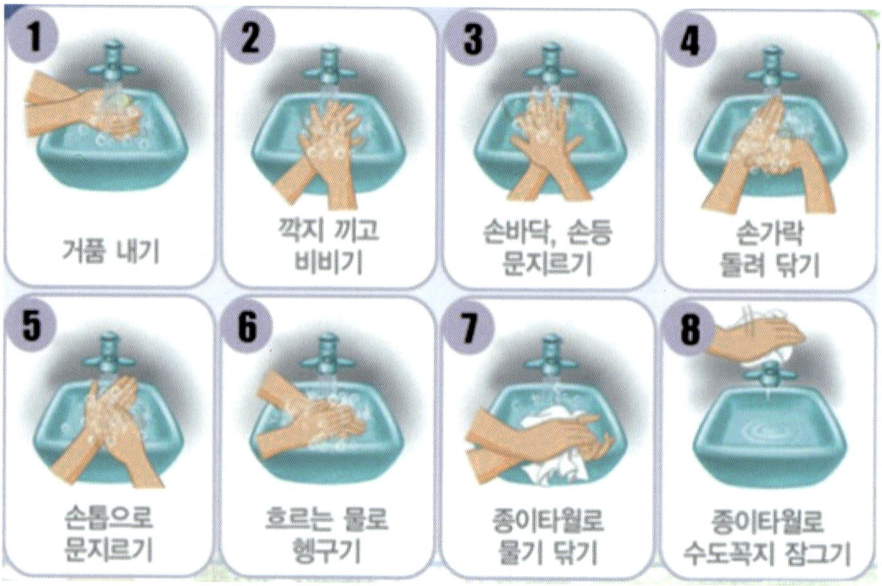

이는 고객들에게 식중독을 유발시키는 원인이 되는 것이다. 손 씻기는 조리사에게 기본적인 사항이지만, 많이 바쁜 주방이나, 손 씻는 시설이 제대로 갖춰져 있지 않은 상황에서라면 규칙적인 습관을 들이기가 쉽지 않을 것이다. 그럼에도 불구하고 손 씻기는 반드시 습관으로 만들어야 할 것이다. 다음은 손 씻기를 반드시 해야 하는 상황이다.

손 씻기를 할 때는 손목까지 손 전체를 완전히 씻어야 하며, 특히 손톱에는 각종 오염물질이 끼어있어 병원균의 서식처가 될 수 있으므로 집중적으로 세척해야한다. 손 씻기 과정을 살펴보면, 중성세제 또는 손 세척 전용세제를 이용하여 충분히 거품을 낸 다음, 깍지를 끼고 손을 비벼주고, 손바닥과 손등을 문지르며, 손가락을 돌려가며 닦아주고, 손톱 아래 부분을 충분히 문지른 다음 흐르는 물로 손을 깨끗이 헹궈준다.

다음으로 종이타월을 이용하여 물기를 닦고, 종이타월로 수도꼭지를 잠그면 된다. 이러한 방법으로 필요할 때마다 되풀이해야 청결한 손을 유지할 수 있다. 여기서 주목해야할 부분은 손을 아무리 깨끗하게 씻었다 할지라도 요리된 음식이나 고객에게 공급해야할 음식을 맨손으로 만져서는 안 된다는 것이다. 또한 금방 씻은 손에 로션을 사용하지 않는 것이 좋다. 로션은 세균에게 필요한 수분을 공급하여 세균이 피부에 번식하는 역할을 하기 때문이다.

더불어, 미생물을 식품에 옮기지 않기 위해서는 적절한 손 관리가 필요하다. 몇 가지 손 관리 방법을 살펴보면, 첫째, 손톱에는 음식물이나 더러운 물질 및 해로운 물질들이 끼일 수 있으므로 주의해야한다. 둘째, 손톱은 짧고 깨끗하도록 유지해야한다. 셋째, 손톱광택제나 인조 손톱 및 아크릴 손톱을 착용해서는 안 된다. 그 이유는 인조손톱이 부러져 고객들의 음식에 들어갈 수 있고, 깨끗이 유지하기도 힘이 들며, 장갑을 찢을 수도 있기 때문이다. 넷째, 손의 상처나 베인 곳은 치료하고 식품과 접촉이 없는 청소 등과 같은 다른 업무를 하는 것이 좋다.

주방에서는 여러 가지 종류의 장갑을 사용한다. 장갑을 적절히 사용함에 따라 사람과 음식 사이에서 위생적인 차단벽이 될 수 있다. 장갑은 음식을 취급하는 조리사들에게는 맨손보다 위생적이다. 그러나 사용했던 장갑을 다른 음식물에 재사용하여 교차오염을 유발해서는 안 된다. 예를 들어 육류고기를 손질한 다음 그 장갑을 낀 채로 다른 음식물에 접촉해서는 안 된다는 것이다. 장갑을 갈아 껴야 하는 경우를 보면 다음과 같다.

① 익히지 않은 고기를 취급한 후나 조리된 음식 또는 즉시 먹을 수 있는 음식을 다루기 전 교체
② 새로운 작업을 하기 전 교체
③ 4시간이 되기 전에 교체, 필요하다면 더 자주 교체
④ 장갑이 더러워지거나 찢어진 경우 교체

2. 복장관리

조리복은 조리사의 신체를 열과 전기, 위험한 도구, 기기, 설비 등으로부터 보호해주는 역할을 하면서, 위생적인 조리를 할 수 있도록 하는 데 그 목적이 있다. 따라서 청결하게 유지하는 것이 중요하며, 오염되었다면 자주 갈아입는 것이 좋다.

손을 닦거나, 뜨거운 물건을 옮기는 데 위생복을 이용해서는 안 된다. 즉 음식과의 직접적인 접촉을 피하도록 해야 하며, 조리업무를 할 때는 꼭 조리복을 착용하고 업무를 수행해야한다. 음식물이 묻은 조리복을 편리하게 갈아입을 수 있도록 탈의실을 따로 마련하는 것이 좋다. 조리복은 조리사의 몸에 딱 맞는 치수로 제작되어야 한다. 너무 작으면 활동이 불편하게 되고, 너무 크면, 작업과정에서 위험한 상황이 발생하기도 한다. 조리 시 상의의 소매가 음식과 접촉하지 않도록 하는 것이 좋다.

위생모는 머리카락이 음식에 떨어져 음식을 오염시키거나, 고객들의 비위를 상하게 하는 것을 방지하기 위해 꼭 착용해야한다. 위생모는 보통 종이나 나일론, 합성종이, 천 등으로 만들어진다. 너무 길거나 넓은 위생모는 조리업무를 방해하기 때문에 적당한 크기를 사용하는 것이 좋다. 위생모를 착용할 때는 머리카락이 완전히 들어가도록 쓰는 것이 좋고, 여성 조리사의 경우 그물망을 이용하여 머리카락이 떨어지지 않도록 해야 한다. 위생모는 대부분 1회용으로 사용하는 경우가 많아 오염된 위생모는 새것으로 교체하여 착용해야한다.

주방의 바닥은 전처리, 조리작업 등에서 흘러나온 부산물과 기름 등으로 미끄러운 경우가 많으며, 무거운 주방장비와 칼 등의 장비가 많이 있다. 주방에서는 낙상이나 주방기구에 의한 부상을 입는 사고가 자주 발생한다. 따라서 조리종사자들은 사고가 발생하지 않도록 평소에 세심한 주의를 기울여야 하며, 안전기준에 적합한 안전화를 착용해야한다. 안전화의 외피는 질긴 가죽으로 만들어졌으며, 발가락과 발등 위에는 쇠로 만들어진 안전장치가 되어 있다. 또한 미끄럼을 방지하기 위해 바닥은 특수처리 되어있다.

앞치마는 조리사의 의복이 오염되는 것을 막는 용도뿐만 아니라 신체를 보호하는 용도로 착용한다. 일반적으로 앞치마는 천으로 만들어진 앞치마와 고무로 코팅된 앞치마, 일회용 앞치마 등이 있다. 앞치마가 오염된 경우 자주 교체하여 청결을 유지해야한다. 또한 머플러는 주방에서 불의의 사고로 상해가 생겼을 때 응급처치하기 위해 착용하는 것이다.

3. 개인위생시설

식중독과 같은 위생 사고는 종사원들의 부족한 위생지식과 부적합한 비위생적 행동으로 많이 발생한다. 이러한 원인을 제거하고 주기적으로 위생교육을 실시하는 것도 중요하지만, 위생적인 행동을 할 수 있도록 시설과 장치를 마련해 주는 것도 매우 중요하다. 즉 위생관리 규칙을 표준화하여 조리사들이 숙지하도록 교육을 한다고 해도 위생적인 행동을 할 수 있는 시설 및 설비가 준비되지 않았다면 위생적인 행동이 어려울 수 있다. 따라서 음식점의 관리자는 위생 관리를 위해 필요한 장비와 설비, 시설을 마련하여 조리사들이 위생적인 행동을 할 수 있도록 환경을 조성해야한다.

첫 번째로 종사원의 휴게실 및 탈의실이다. 종사원의 휴게실은 음식점마다 다르지만, 일반적으로 단독으로 설치되어 있거나 탈의실과 겸용으로 사용하는 경우가 많다. 이러한 시설은 조리사들이 편리하게 출입할 수 있도록 설계되어야 한다. 규모가 작은 음식점이라 하여도 이러한 휴게실 및 탈의실을 설치하는 것이 바람직하다.

휴게실과 탈의실에 세면기와 샤워실을 마련하여 조리업무를 시작하기 전에 손 씻기를 할 수 있도록 환경을 조성해야한다. 또한, 화장실을 설치하여 고객들이 사용하는 화장실과 구분하는 것이 좋다.
두 번째로 세면기이다. 각 주방구역별로 각각 손을 씻을 수 있는 세면기를 설치하는 것이 바람직하다. 각 세면기 근처의 벽에 손 세척용 세제를 부착하여 사용한다.

4. 건강진단

음식점에서는 작업 전에 조리사들의 건강상태를 확인해야한다. 먼저 설사, 발열, 콧물이 흐르는지의 여부를 확인하고, 복통, 구토, 황달 등의 증상이 있는지 확인해야 하며, 화농성 질환, 피부질환이 있는지 확인해야 한다. 만약 해당자가 있을 경우 조리업무에서 제외시켜야 한다. 조리사들이 질병을 앓고 있을 경우 다른 종사원뿐만 아니라 고객에게도 직ㆍ간접적으로 위해를 줄 수 있다. 따라서 조리사들은 자신의 건강상태와 주방에 근무해도 가능한지를 검사하기 위해 정기적으로 지정된 의료기관에서 건강진단을 받아야 한다. 이는 전염병의 확산과 식중독을 예방하기 위한 식품위생법규에 해당한다. 정기적인 건강진단은 보통 연 1회 받아야 한다. 하지만 몸에 이상이 있는 경우에는 수시로 검사를 하는 것이 적절하다. 건강진단 결과 조리사들은 조리업무를 하지 못할 수도 있다.

5. 위생교육

한명의 조리사가 많은 일을 할 경우 일을 위생적으로 못할 가능성이 크다. 음식도 준비하고, 그릇도 준비하고, 고객에게 음식을 제공하는 일까지 한다면 여러 사람이 각자가 맡은 일을 할 때보다 음식이 오염될 가능성이 높아진다. 어떠한 음식점이라 하더라도 지속적인 관찰과 관심이 없으면 위생적으로, 성공적으로 운영되기 어렵다.

조리사들의 식품위생 지식과 태도, 관리자의 지도 감독은 식중독 발생 감소를 위한 중요한 요소이다. 따라서 주기적으로 위생교육을 실시해야 한다. 위생교육의 내용은 과학적 지식에 근거한 위생관리의 원리와 실천 사항으로 구성해야 하고, 조리사들의 지식수준이 미흡한 부분은 강조하여 교육을 실시해야 한다.

조리사들이 볼 수 있도록 게시하는 위생매뉴얼은 쉬운 말로 기록되어있어야 하고, 평이한 말로 조리사들에게 교육을 시켜야한다. 가능하면 조리사들이 위생규칙을 꼭 지켜야 하는 위치인 손 씻는 곳, 화장실 등에는 POP를 이용하여 실천사항을 게시하는 것도 좋은 방법이다. 또한 관리자들은 위생교육을 통한 위생관리 수행도를 높이기 위해 위생적 행동을 저지하는 상해요인을 제기하고, 조리사들이 적극적으로 위생적 행동을 하도록 유도해야 한다. 아울러 위생교육 후 정기적인 평가를 통해 적절한 피드백을 제공하는 것이 좋다.

음식점에서 관리자가 조리사들에게 교육시켜야 할 항목들을 구체적으로 살펴보면 다음과 같다.

1. 식재료를 취급할 때 위생과 안전에 대한 요구사항을 규정하고 설명해야 한다.
2. 조리사들을 채용할 때에는 위생적 행동에 대해 적성이 맞는 사람을 채용해야 한다.
3. 신입 조리사는 경력 조리사에게 올바른 위생교육과 음식을 안전하게 다루는 방법을 배워야 한다.
4. 조리사들로 하여금 위생규칙을 철저히 지키도록 유도한다.
5. 위생적 행동에 대한 관리와 감시를 한다.
6. 특정 위생적 행동에 대해 우선순위를 두는 것보다는 모두 같은 정도로 중요하게 지키도록 한다.
7. 영업자 준수사항이 변경되었을 때에는 위생 표준매뉴얼도 개정하도록 한다.

6. 질병 및 상처의 보고

조리사는 자신의 건강상태를 조리업무를 시작하기 전에 관리자에게 보고해야만 한다. 만약 일을 하는 동안에 몸이 아프거나 상처를 입었다면 즉시 그러한 상태를 보고해야만 한다. 관리자는 직원들이 평소에 이러한 정보를 관리자에게 알릴 수 있도록 직원들을 관리해야 한다.

조리사의 건강상태가 좋지 않거나, 상처가 있는 경우 식품 또는 장비를 오염시킬 가능성이 있다고 판단된다면, 그 조리사는 하던 일을 멈추고 병원으로 가야한다. 관리자들은 조리사가 발열, 설사, 구토, 후두염증, 황달 등의 증세가 있는 경우 일을 멈추도록 해야 하고, 이 중 설사와 구토증상이 있는 경우에는 다른 조리사들과 격리시켜야 한다.

손이 베이거나 까질 경우, 화상, 열상, 염증, 피부감염 또는 감염된 상처는 치료하고 위생밴드를 이용하여 처리해야 한다. 만약 손에 밴드를 붙였다면 손가락 고무 밴드를 끼우고 장갑을 착용하고 조리업무 및 식품과 접촉할 수 있는 업무에서 제외시켜야 한다. 상처가 아물 때까지 음식표면에 접촉하지 않는 업무(청소 등)를 해야 한다. 안전한 식품을 공급하기 위해 청결하고 적절한 손 관리를 교육해야한다.

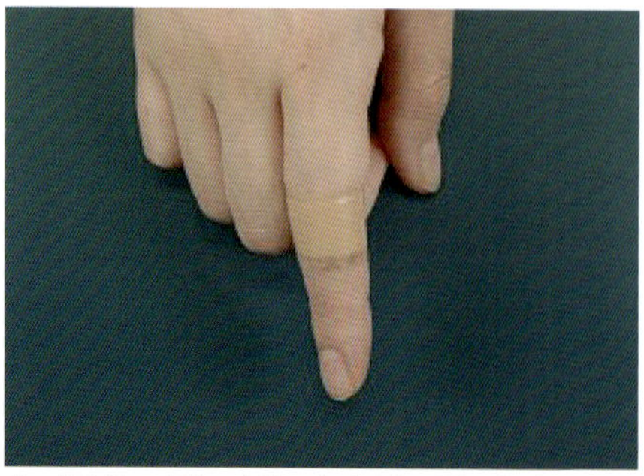

손가락을 다친 경우 먼저 밴드를 상처부위에 붙여준다.

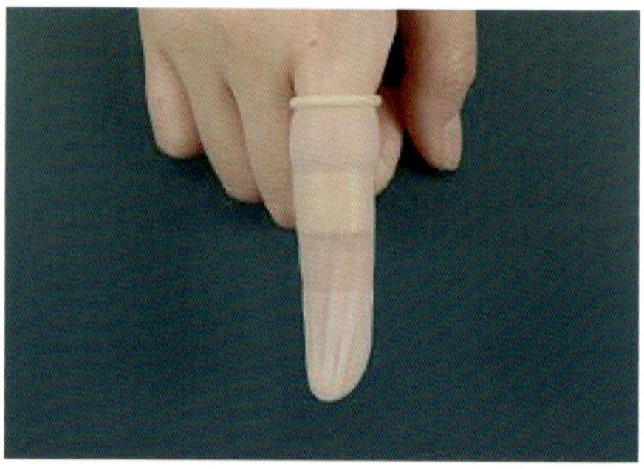

밴드를 붙인 부위에 고무 밴드를 끼우고, 조리업무 및 식품과 접촉할 수 있는 업무를 제외한 업무(청소 등)를 수행한다.

KCDA

Cocktail

PART 4

Cocktail Garnish Master

칵테일 가니쉬 실기

제 11장 칵테일 가니쉬 기본

제 12장 칵테일 가니쉬 고급

단감 1

1. 단감을 준비한다.

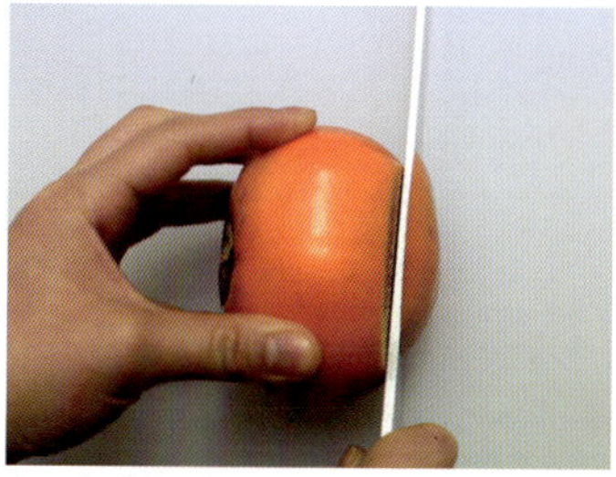

2. 단감을 슬라이스 쳐준다.

3. 꽃잎라인을 그려준다.

4. 8개의 꽃잎을 만들어준다.

5. 필요없는 부분을 제거한다.

6. 크기가 다른 꽃잎 3개를 포개어준다.

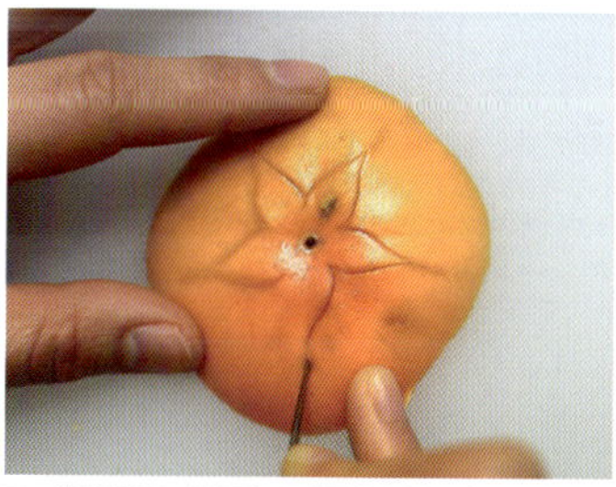

7. 껍질을 살린 밑둥부분에 5개의 꽃잎을 그려준다.

8. 필요없는 부분을 제거한다.

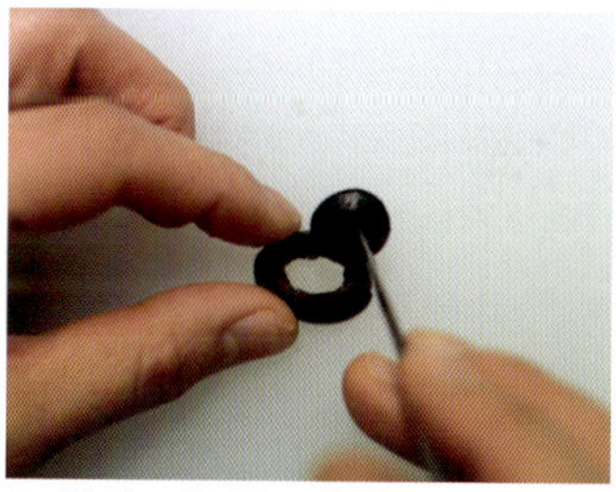

9. 올리브를 동그랗게 잘라준다.

10. 꽃잎들이 겹치지 않도록 포개준다.

11. 꼬지에 큰꽃잎부터 차례대로 꽂아준다.

12. 올리브를 꼬지에 꽂아준다.

단감 2

1. 단감을 준비한다.

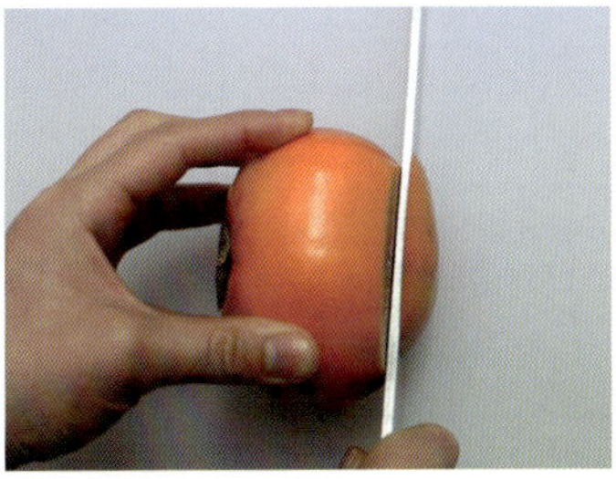

2. 단감을 슬라이스 쳐준다.

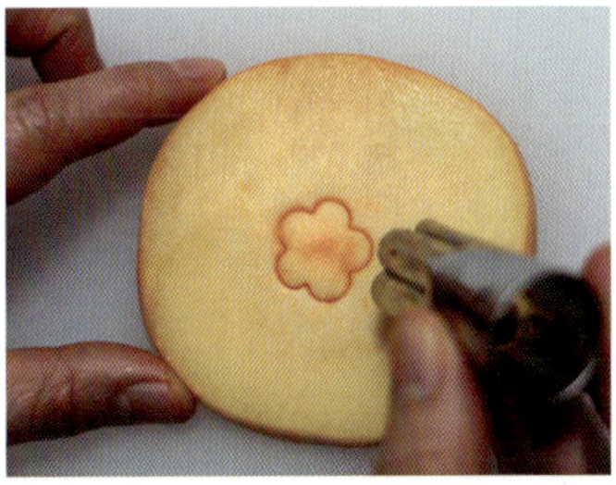

3. 감 슬라이스 중앙에 꽃모양 틀로 찍어준다.

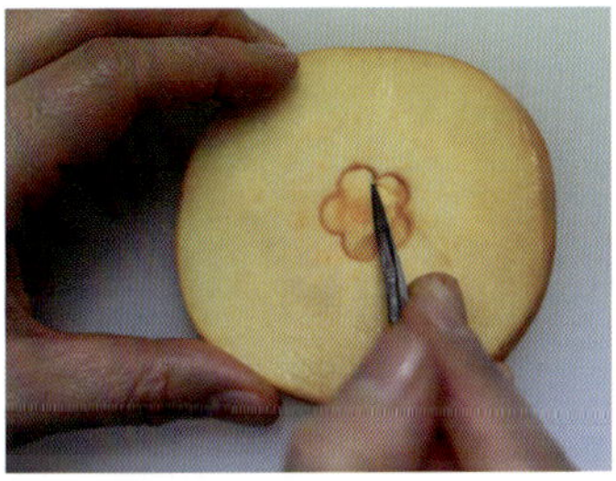

4. 꽃라인 안쪽을 파내준다.

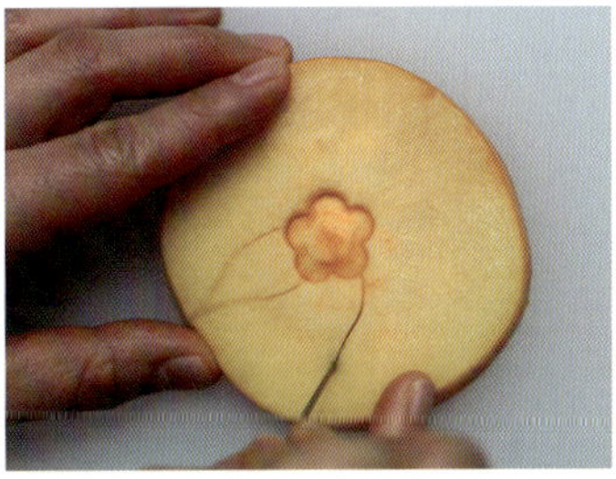

5. 꽃잎라인을 그려준다.

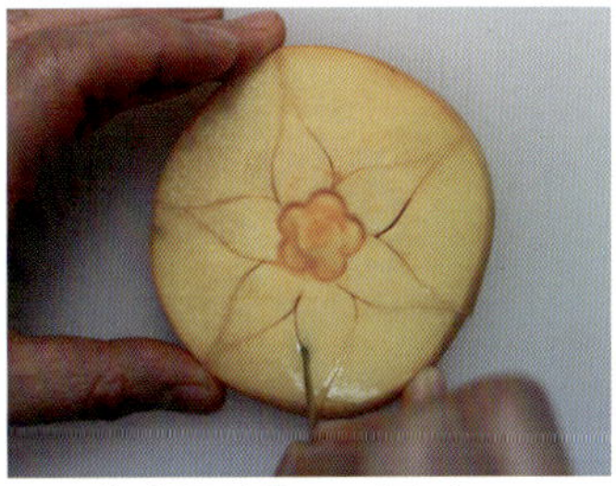

6. 6개의 꽃잎을 그려준다.

7. 필요없는 부분을 제거한다.

8. 꽃잎 안쪽을 꽃잎라인을 따라가며 홈을 파내준다.

9. 6개의 꽃잎에 반복작업을 한다.

10. 꽃모양 중앙에 동그랗게 홈을 파내준다.

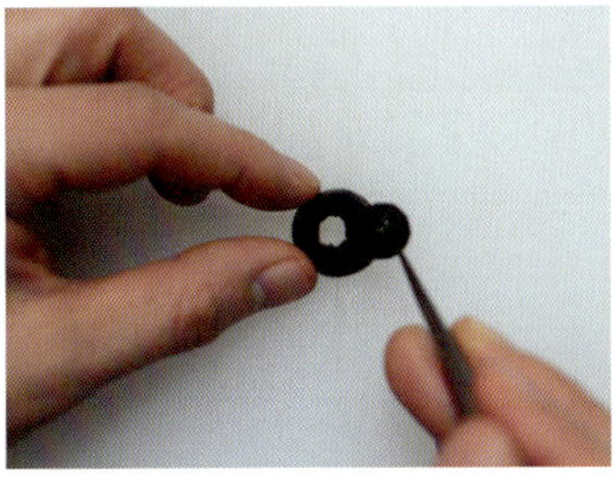

11. 올리브를 동그랗게 잘라준다.

12. 꼬지에 꽃과 올리브를 꽂아준다.

칵테일
가니쉬
기본

당근&미니파프리카

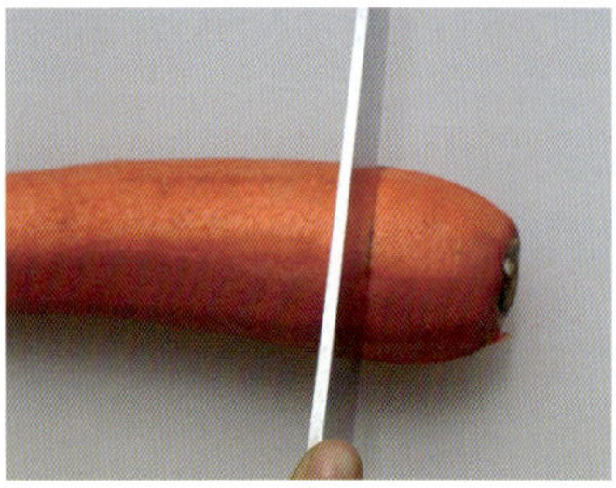

1. 당근 양쪽을 자른다.

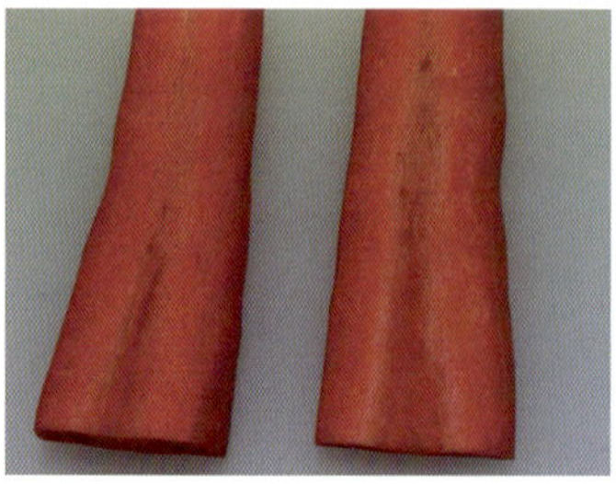

2. 세로로 절반을 잘라준다.

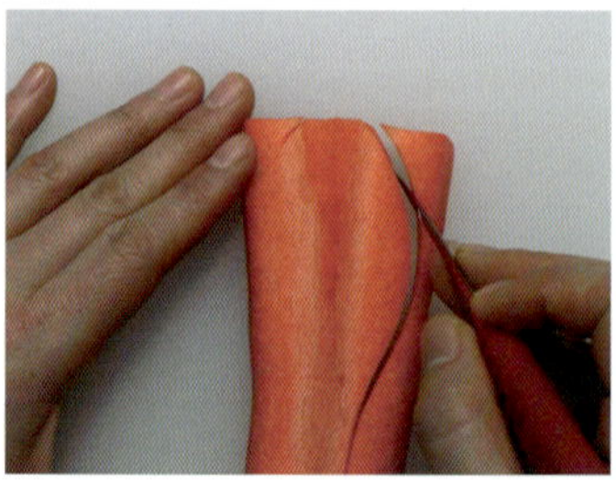

3. 낙엽모양을 샤또나이프를 세워 그린다.

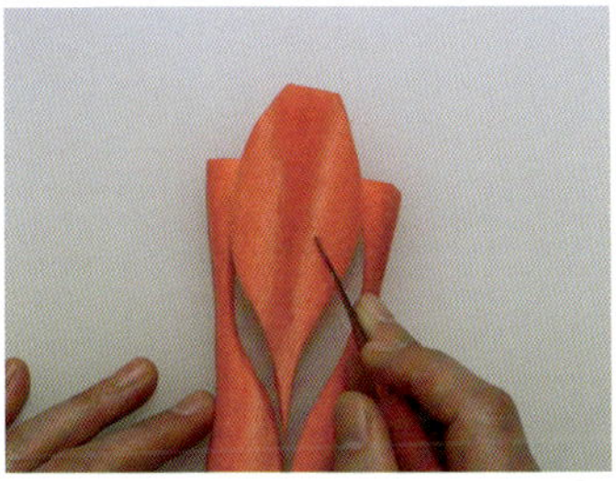

4. 낙엽을 제외한 테두리부분들을 다 제거해준다.

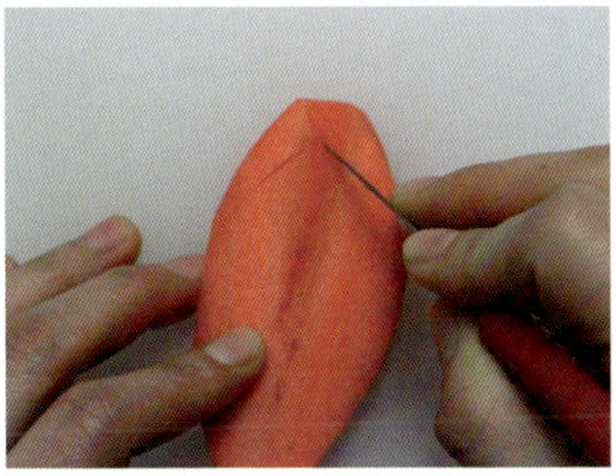

5. V라인을 그려준다.

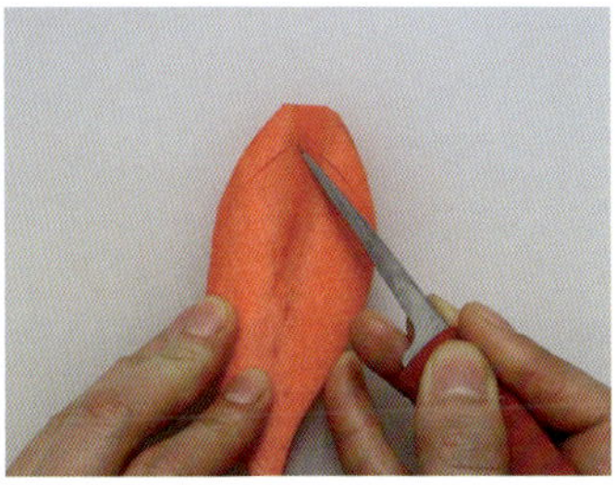

6. 라인 안쪽 테두리를 제거해준다.

7. 낙엽을 채워줄때까지 반복하여 작업한다.

8. 낙엽 양쪽면 모서리를 제거해준다.

9. 낙엽 완성

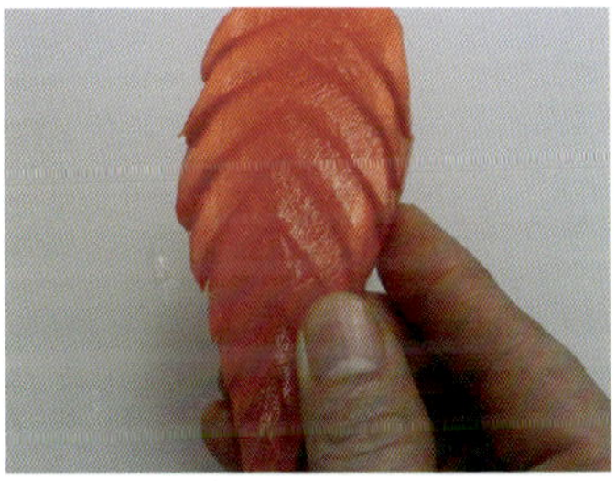

10. 크기가 다른 하나의 낙엽을 만들어준다.

11. 낙엽 2개 완성

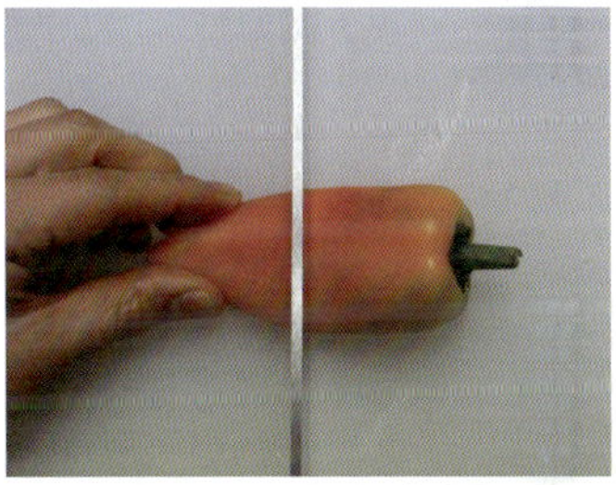

12. 미니 파프리카의 절반을 자른다.

13. 꽃잎라인을 그린다.

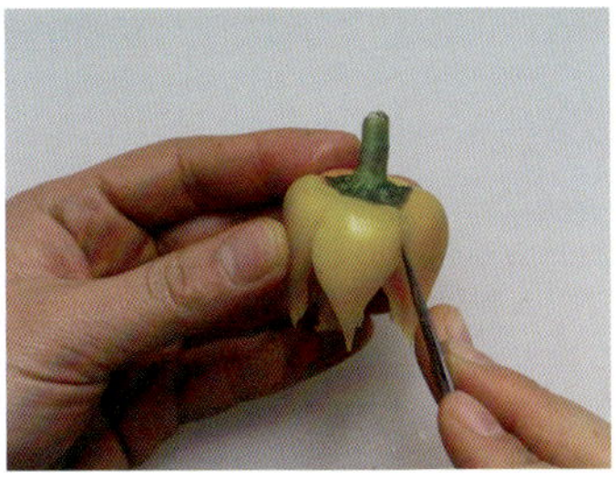

14. 반복하여 작업한다.

15. 파프리카의 씨를 제거한다.

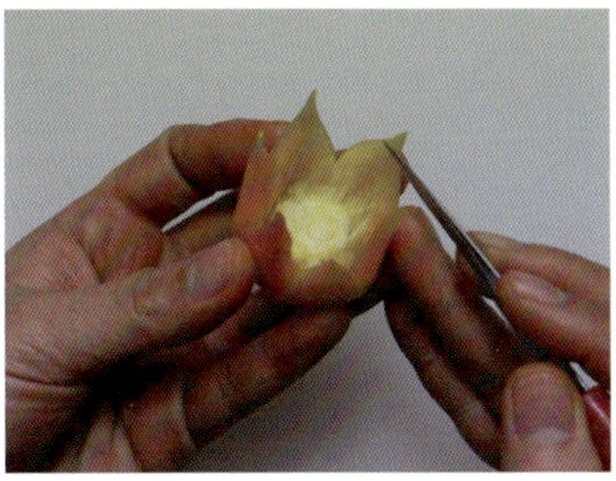

16. 파프리카 안쪽 표피를 얇게 제거해준다.

17. 꼬지에 당근 낙엽을 끼워준다.

18. 파프리카를 꼬지에 끼워준다.

당근&여주

1. 당근을 사진과 같이 잘라준다.

2. 각진 모서리를 제거해준다.

3. 사진과 같이 둥글게 만들어준다.

4. 꽃잎을 그려준다.

5. 꽃잎라인 테두리를 제거해준다.

6. 4번,5번과 같이 반복하여 작업한다.

7. 꽃잎과 꽃잎 사이에 반원을 그려준다.

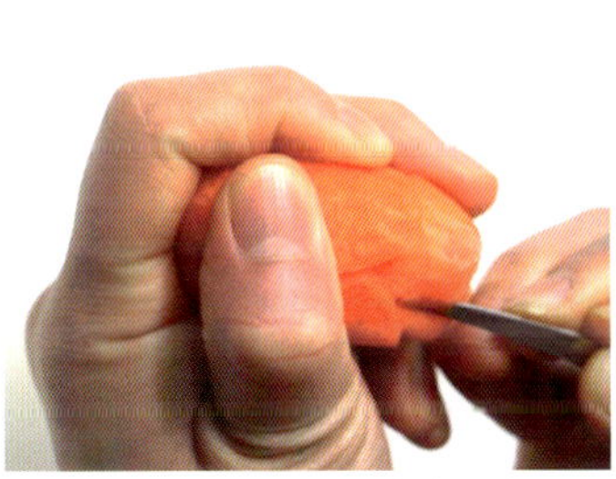
8. 라인 테두리를 제거해준다.

9. 7번,8번과 같이 반복하여 작업한다.

10. 꽃잎과 꽃잎 사이에 S라인을 그려준다.

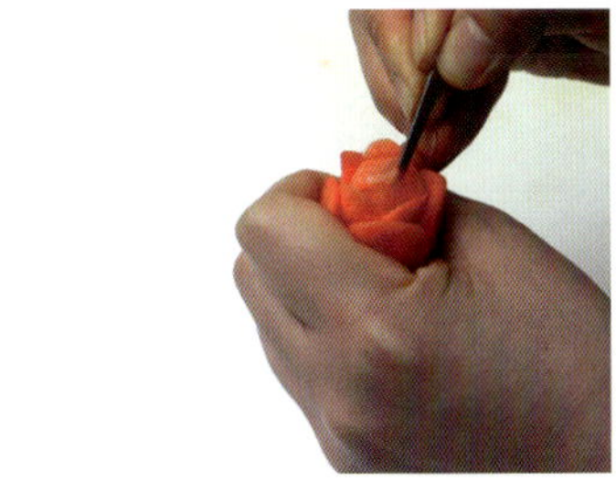
11. S라인 테두리를 제거해준다.

12. 반복하여 작업해준다.

13. 여주를 잘라준다.

14. 사진과 같이 동그랗게 과육을 제거해준다.

15. 여주 안에 당근꽃을 끼워준다.

대추1

1. 대추를 준비한다.

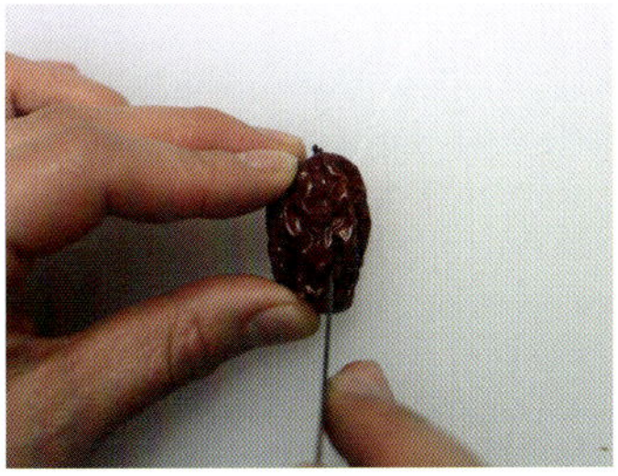

2. 대추 심까지 칼날을 넣어준다.

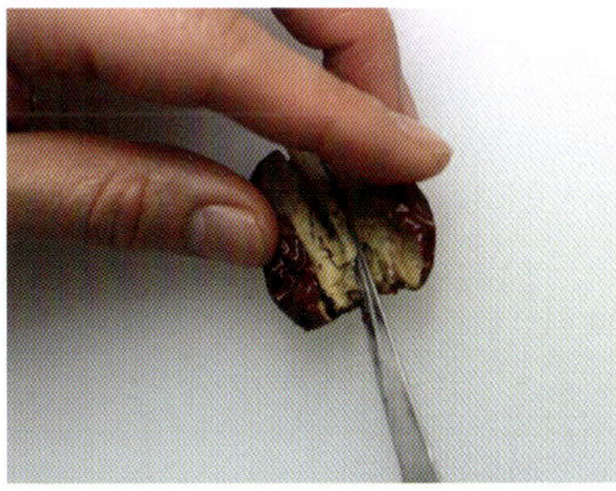

3. 샤또나이프를 이용하여 끝에서 끝까지 돌려주며 심을 제거한다.

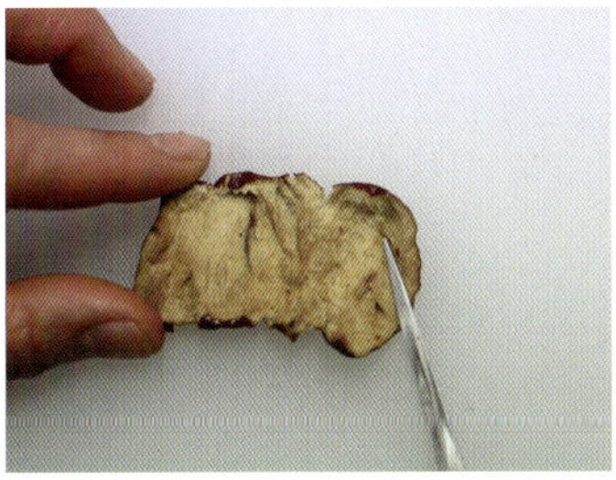

4. 대추를 눌러주며 사진과 같이 펴준다.

5. 세로로 돌돌 말아준다.

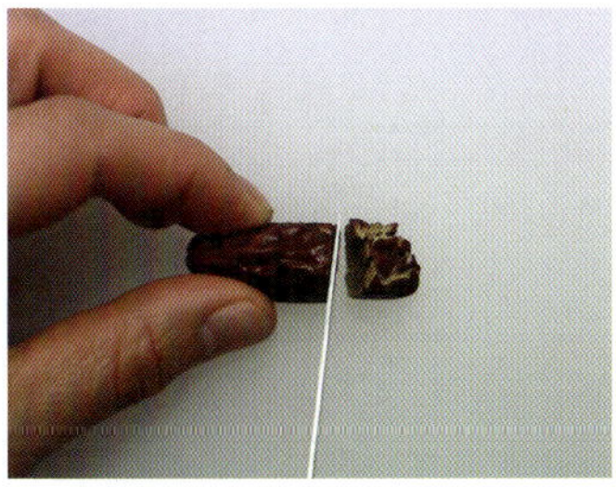

6. 끝부분을 제거한다.

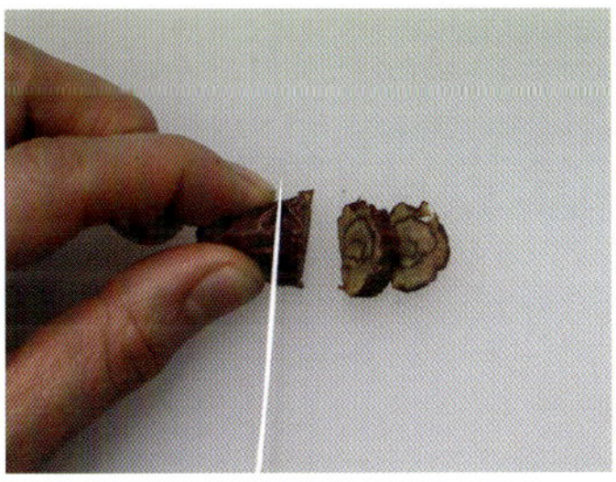

7. 대추를 잘라준다.

8. 8개정도로 만들어준다.

9. 완성한다.

대추2

1. 대추를 준비한다.

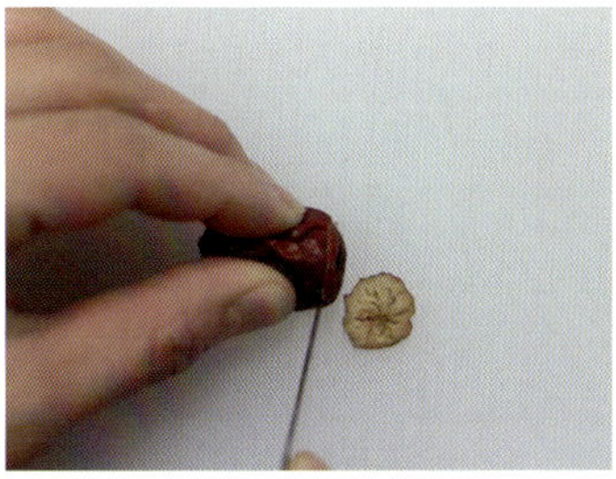

2. 대추의 양쪽을 제거한다.

3. 샤또나이프를 넣어 돌려주며 심을 제거한다.

4. 심을 빼준다.

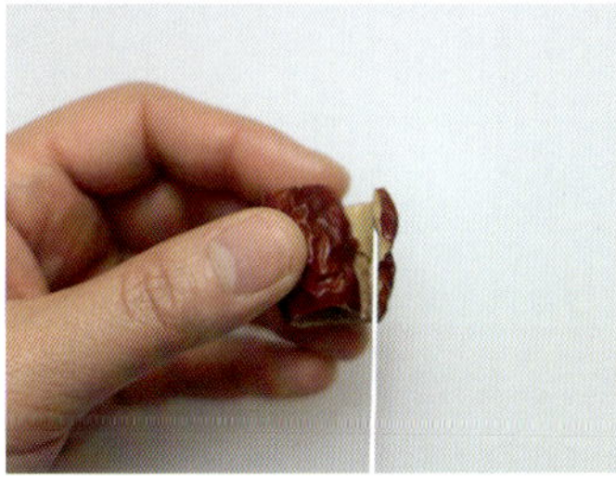

5. 사진과 같이 대추를 잘라준다.

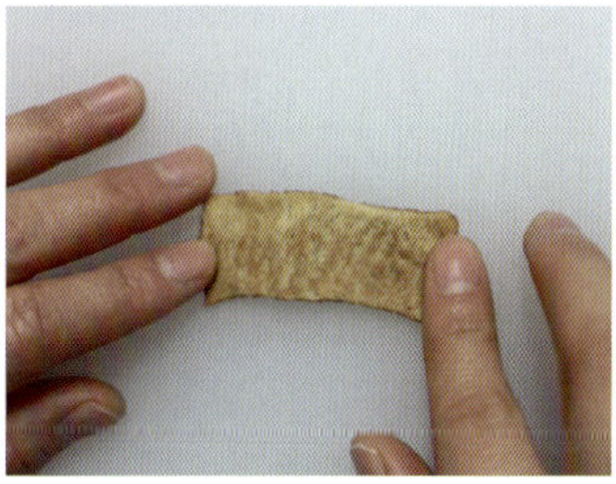

6. 평평하게 펴준다.

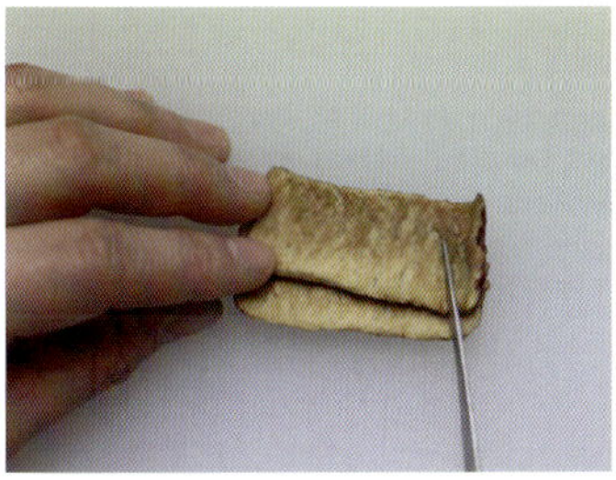

7. 2개를 준비한다.

8. 세로로 돌돌 말아준다.

9. 대추를 잘라준다.

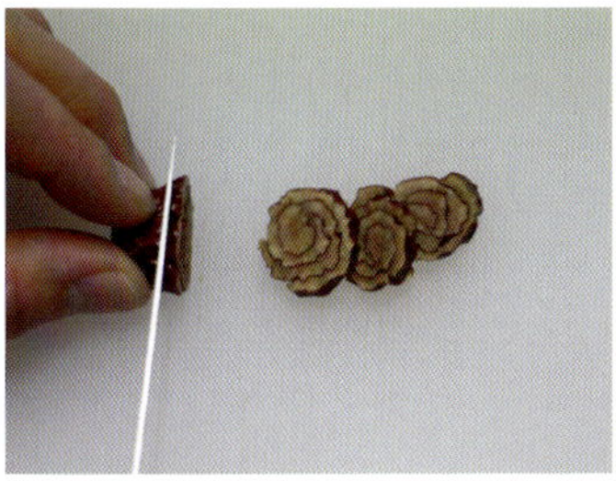

10. 5등분을 한다.

11. 대추를 꽂아준다.

12. 완성한다.

라임

1. 라임을 준비한다.

2. 라임의 3분의 1을 잘라준다.

3. 반대쪽도 잘라준다.

4. 샤토나이프를 세워 일자로 칼을 넣어준다.

5. 샤토나이프를 눕혀 껍질을 깎아준다.

6. 2cm를 남겨두고 껍질을 깎아준다.

7. 곡선으로 껍질의 끝을 잘라준다.

8. 끝이 뾰족하게 될 수록 잘라준다.

9. 끝까지 반복작업한다.

10. 꼬지에 그린체리를 꽂아 라임에 꽂아준다.

11. 그린체리를 꼬지에 꽂아준다.

12. 라임의 끝을 꼬지에 꽂아준다.

13. 라임의 껍질에 샤또나이프를 세워 돌돌 선을 넣어준다.

14. 껍질을 벗겨준다.

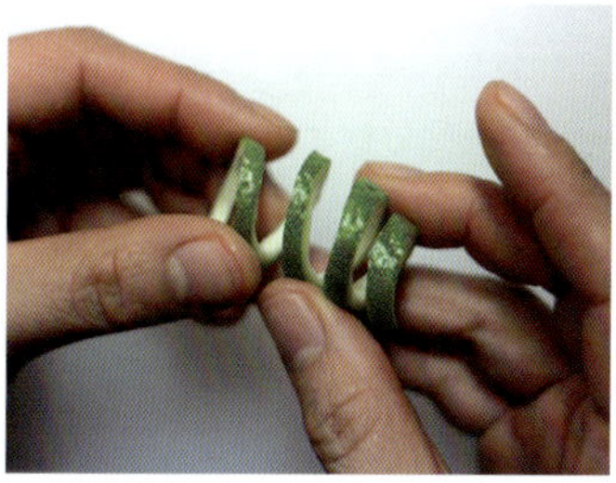

15. 껍질을 스프링같이 꼬아준다.

레몬1

1. 레몬을 준비한다.

2. 레몬을 세로의 절반을 잘라준다.

3. 사진과 같이 슬라이스 쳐준다.

4. 작은 홈을 내어 잔에 꽂아준다.

레몬2

1. 레몬을 준비한다.

2. 레몬을 세로의 절반을 잘라준다.

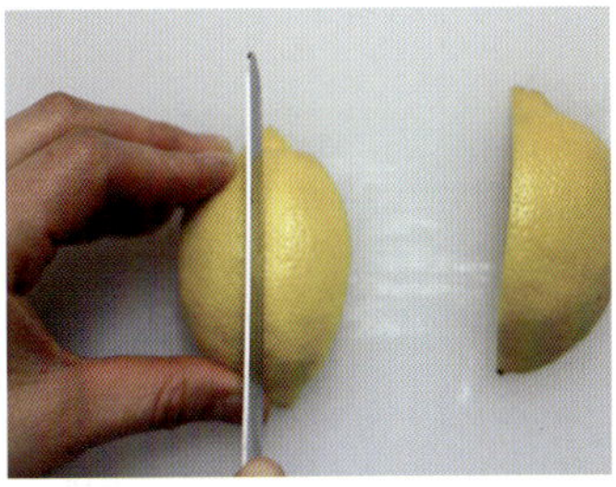

3. 절반을 자른 레몬을 다시 한번 절반을 잘라준다.

4. 레몬의 밑둥을 쳐준다.

5. 레몬의 양쪽 끝을 잘라준다.

6. 작은 홈을 내어 잔에 꽂아준다.

칵테일
가니쉬
기본

레몬3

1. 레몬을 준비한다.

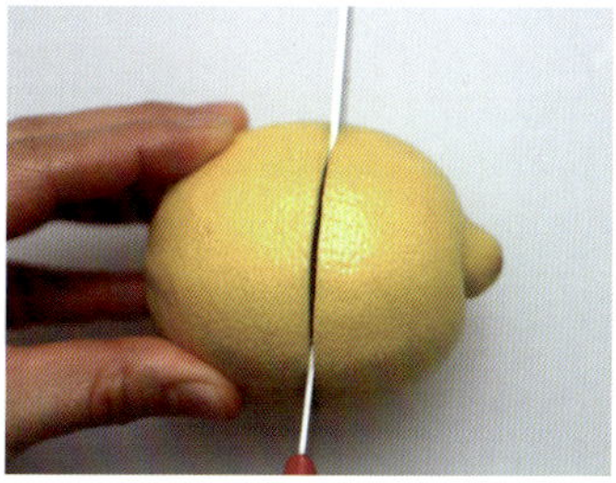
2. 레몬을 절반으로 자른다.

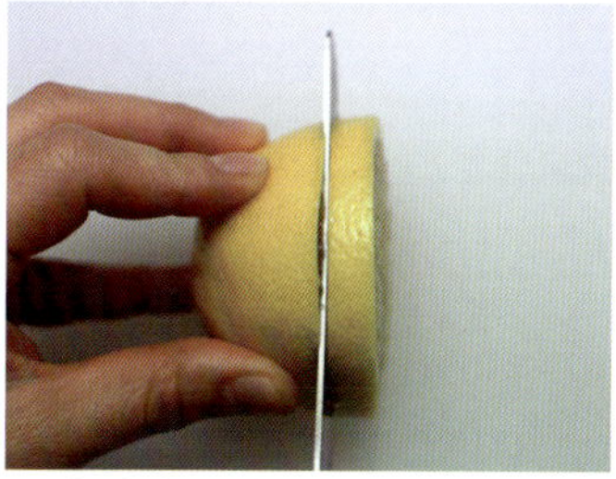
3. 슬라이스 쳐준다.

4. 작은 칼집을 내어준다.

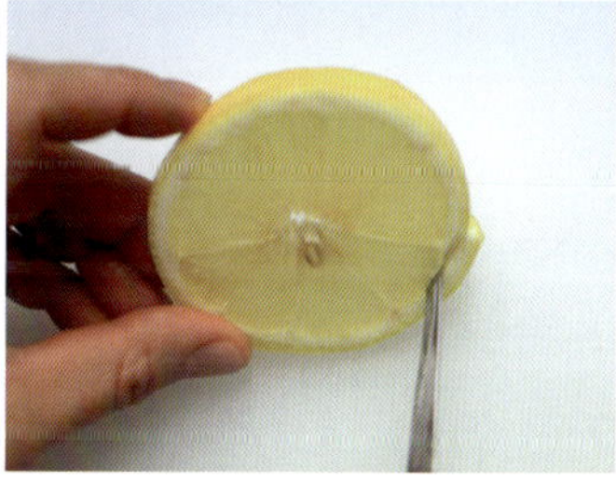
5. 껍질 부분을 도려내준다.

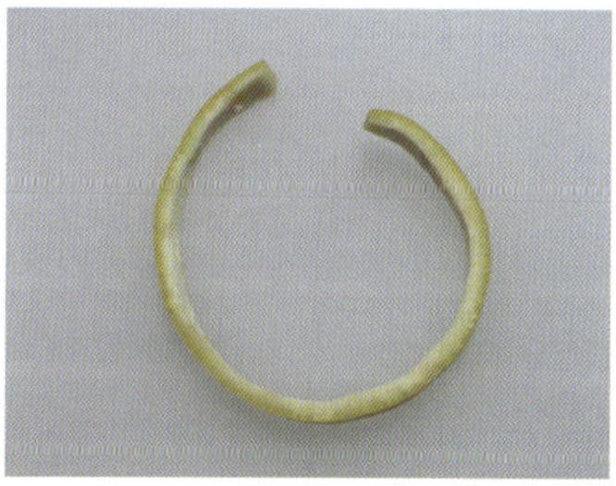
6. 레몬의 껍질부분만 분리시켜준다.

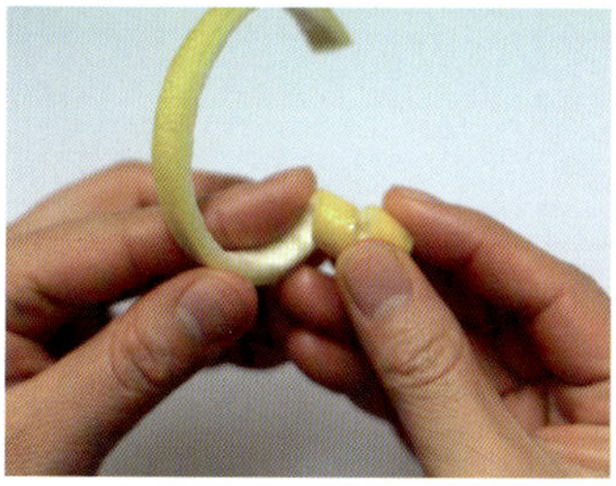
7. 레몬껍질을 스프링모양으로 꼬아준다.

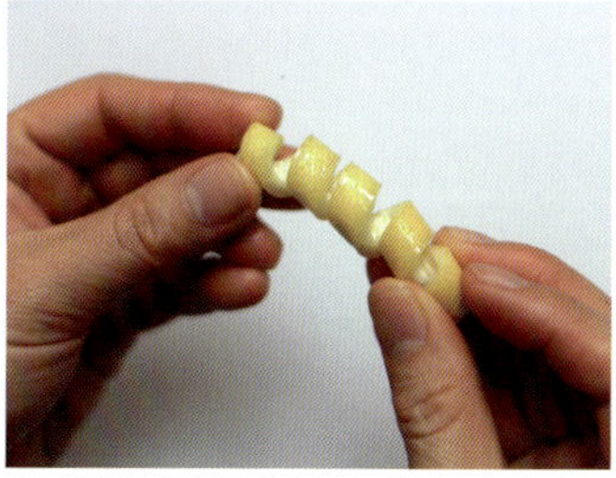
8. 사진과 같이 끝까지 꼬아준다.

9. 레몬을 잔에 꽂아준다.

레몬4

1. 레몬을 준비한다.

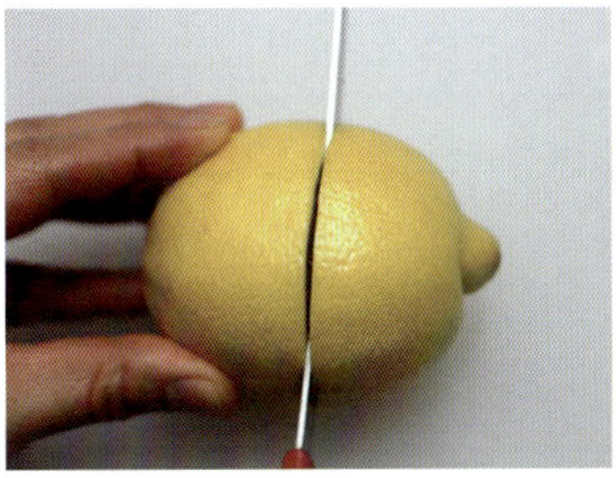

2. 레몬을 절반으로 자른다.

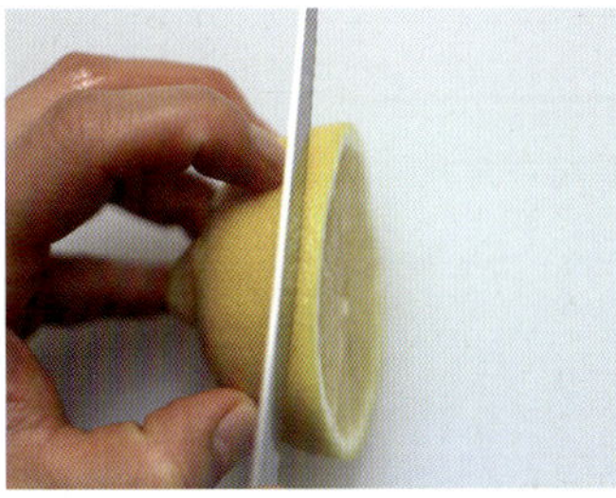

3. 동그랗게 슬라이스 해준다.

4. 대나무꼬지를 이용하여 체리를 꽂아준다.

5. 완성한다.

레몬5

1. 레몬을 준비한다.

2. 레몬을 절반으로 자른다.

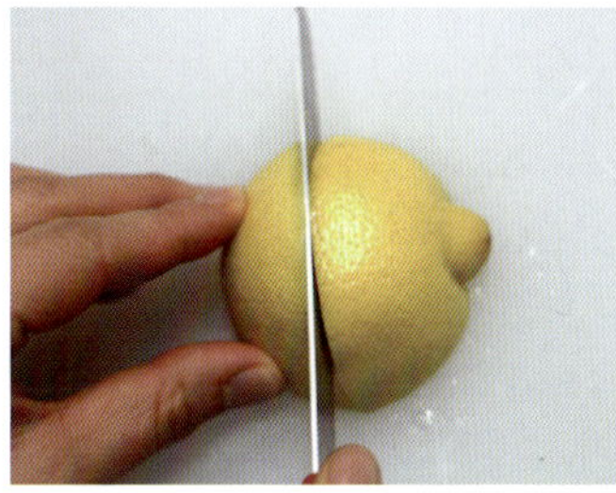

3. 한번 더 절반 잘라준다.

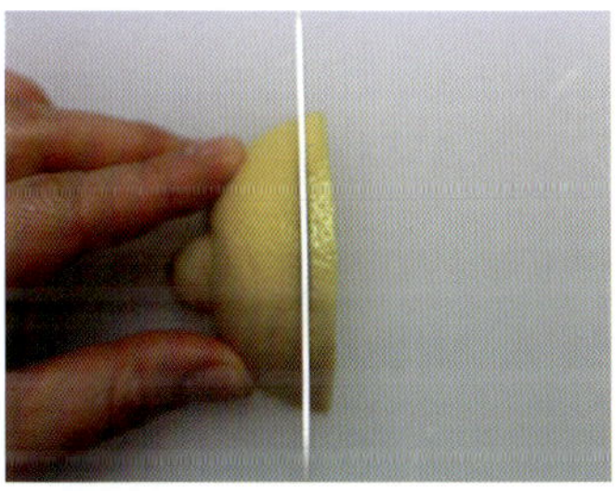

4. 슬라이스 쳐준다.

5. 대나무꼬지에 그린체리를 꽂아 준다.

6. 대나무꼬지에레드체리를 꽂아 준다.

7. 완성한다.

레몬6

1. 레몬을 준비한다.

2. 레몬을 절반으로 잘라준다.

3. 사진과 같이 칼을 넣어준다.

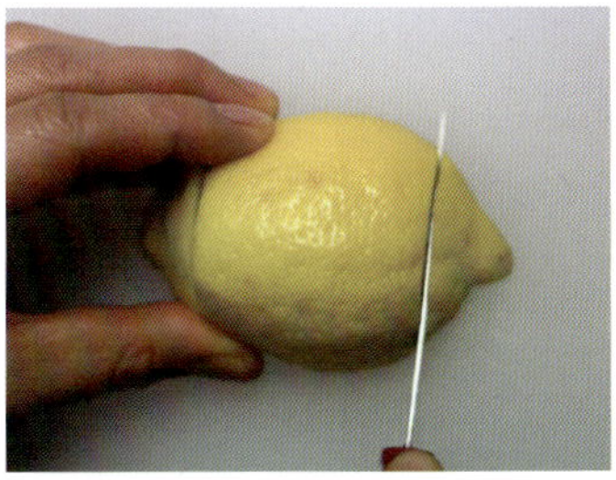

4. 레몬의 양쪽을 잘라준다.

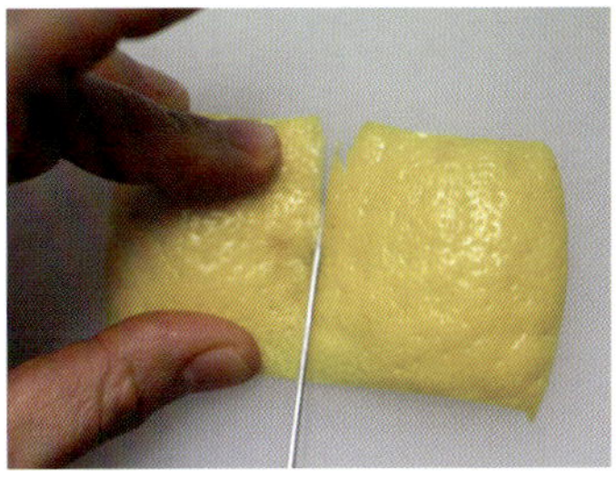

5. 레몬의 껍질을 절반으로 잘라준다.

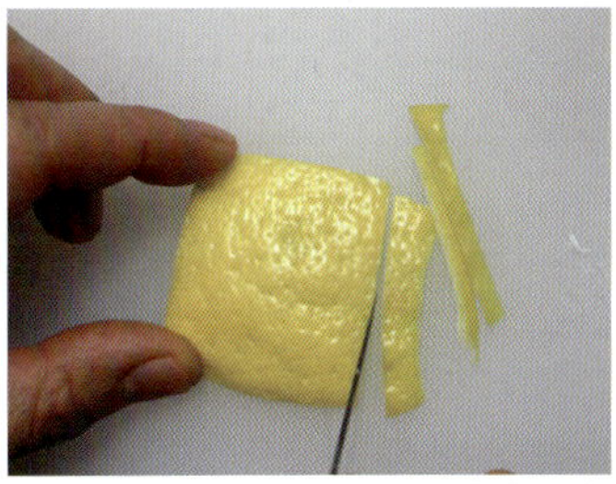

6. 정사각형이 되도록 정리해준다.

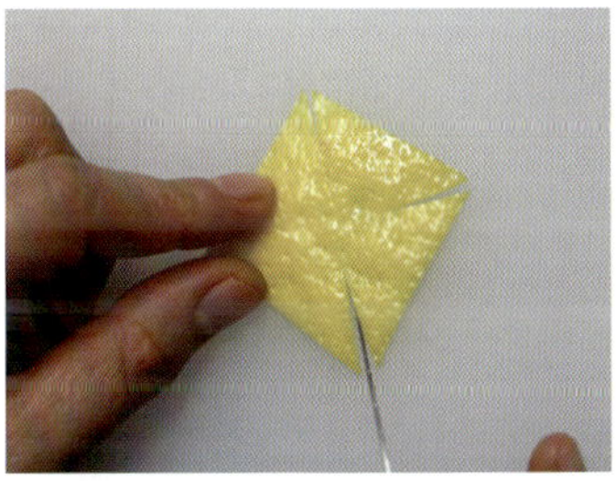

7. 중앙으로 4개의 꼭지점이 모일수있도록 선을 그어준다.

8. 꼬지를 중앙에 꽂아준다.

9. 중앙에 꼭지점이 모일수있도록 꼬지에 꽂아준다.

10. 4개 모두 꼬지에 꽂아준다.

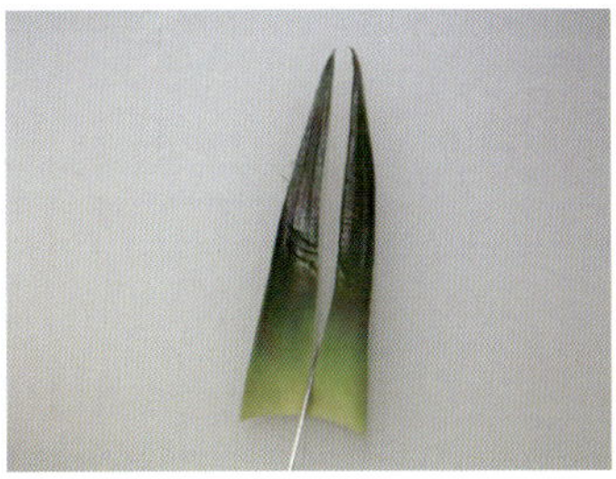

11. 파인애플 잎을 절반으로 잘라준다.

12. 파인애플 잎을 꼬지에 꽂아준다.

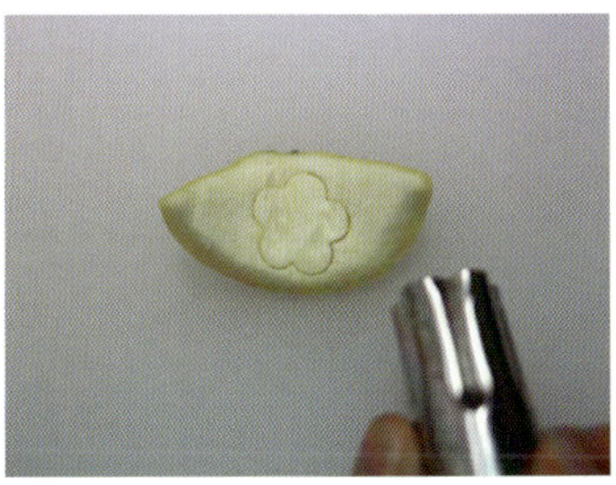

13. 레몬 껍질에 꽃모양 틀을 찍어준다.

14. 레몬꽃을 꼬지에 꽂아준다.

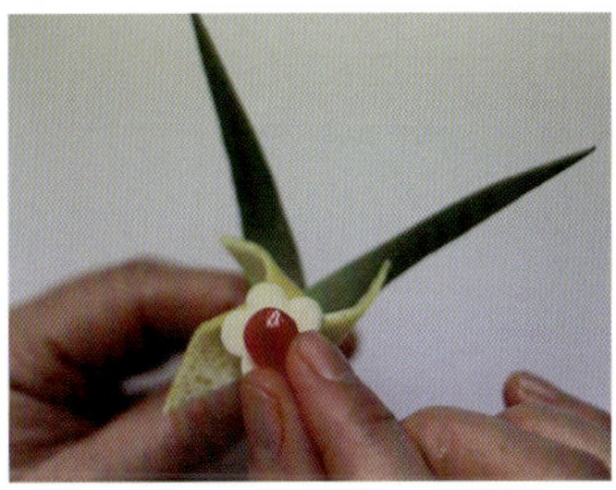

15. 체리를 동그랗게 자른 후, 체를 꼬지에 꽂아준다.

레몬7

1. 레몬을 준비한다.

2. 레몬을 절반으로 잘라준다.

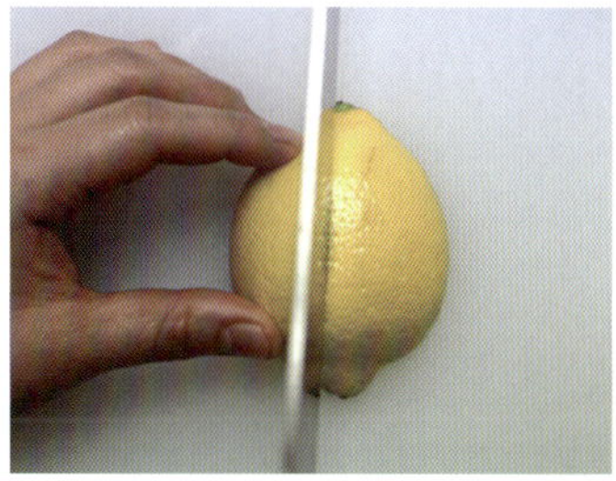

3. 레몬을 한번 더 절반으로 잘라준다.

4. 3분의1로 잘라준다.

5. 사진과 같이 칼을 넣어준다.

6. 끝까지 칼을 넣어 껍질만 잘라낸다.

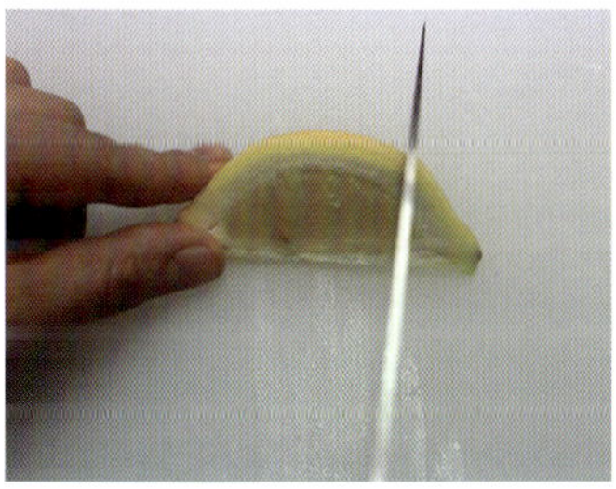

7. 레몬의 끝을 잘라준다.

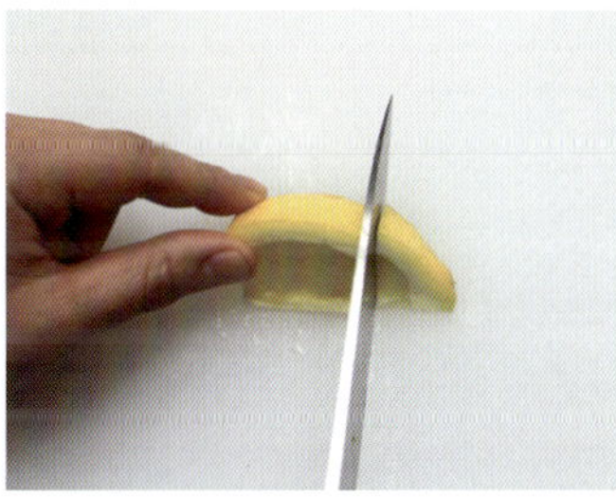

8. 양쪽 다 잘라준다.

9. 양쪽을 제거한 레몬을 2개 준비한다.

10. 껍질을 잘라준다.

11. 4개의 껍질을 만들어준다.

12. 크기가 다른 레몬을 꼬지에 꽂아준다.

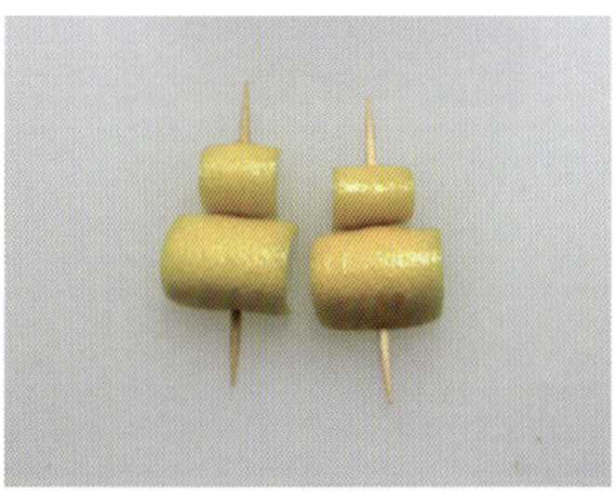

13. 두개의 돛을 만든다.

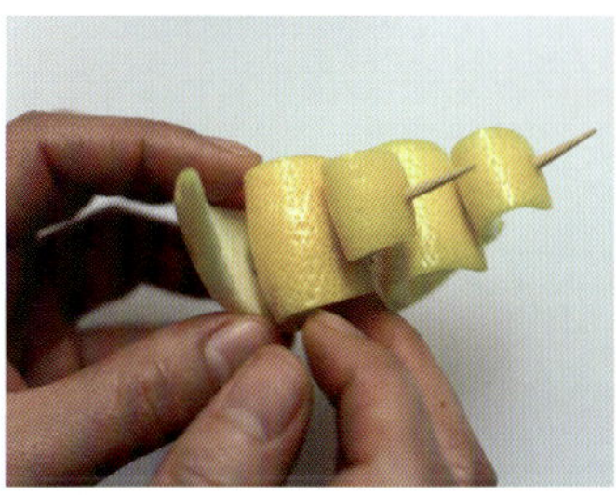

14. 6번의 껍질에 두개의 돛을 꽂아준다.

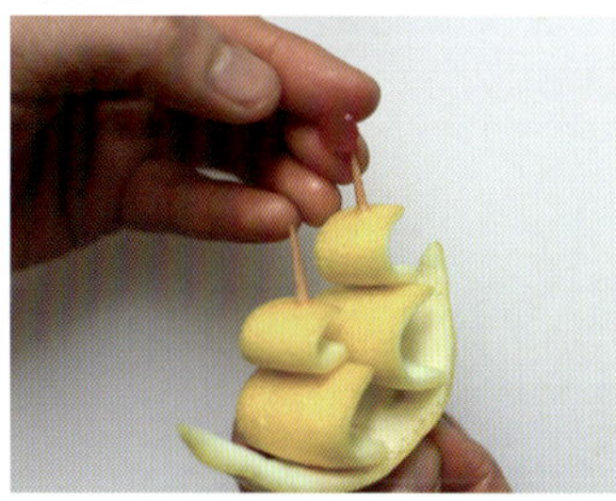

15. 체리를 동그랗게 2개를 자른 후 꼬지 윗부분에 꽂아준다.

레몬8

1. 레몬을 준비한다.

2. 레몬을 절반으로 자른다.

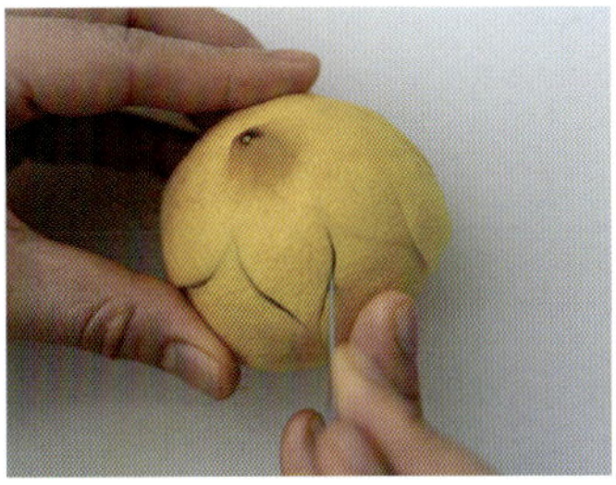

3. 꼭지를 기준으로 6개의 꽃잎을 그려준다.

4. 남은 절반을 슬라이스 한다.

5. 샤토나이프를 이용하여 껍질을 도려낸다.

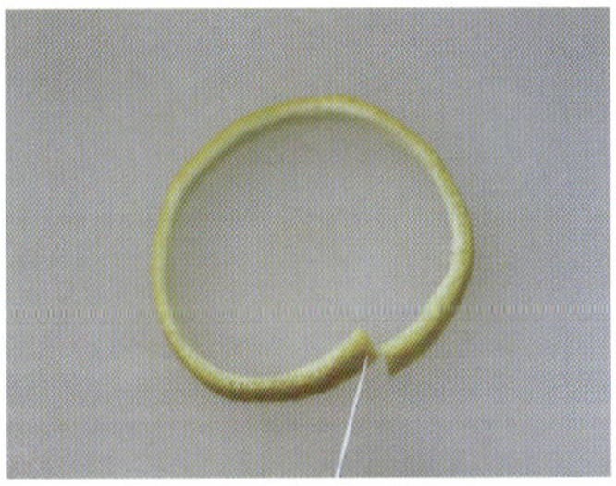

6. 도려낸 껍질을 끊어준다.

7. 레몬껍질을 스프링모양으로 꼬아준다.

8. 꼬지에 레몬과 체리를 꽂아준다.

9. 꼬지에 꼬아준 레몬껍질을 꽂아준다.

리치

1. 리치에 꽃잎라인을 그려준다

2. 반복하여 작업한다.

3. 껍질을 반으로 접어준다.

4. 반복하여 작업한다.

5. 과육 윗부분을 제거해준다.

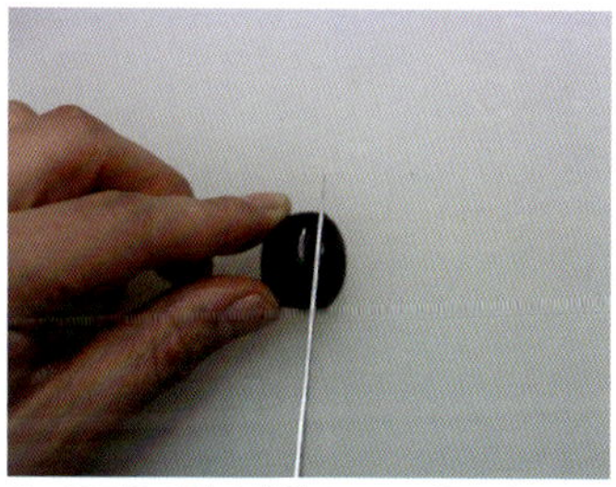

6. 올리브를 절반으로 자른다.

7. 올리브를 리치에 올려준다

8. 완성한다.

메론

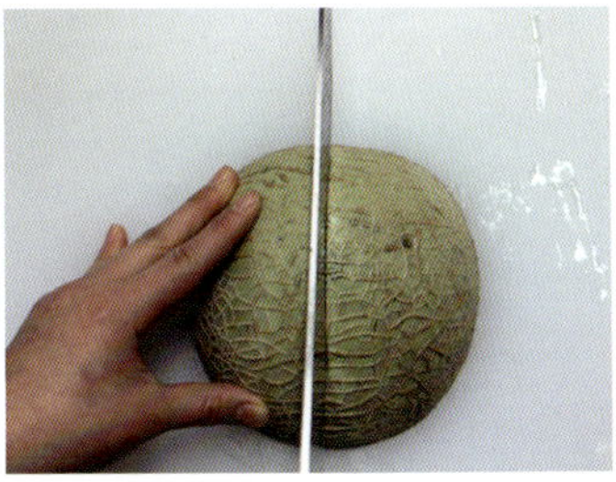

1. 메론을 절반으로 잘라준다.

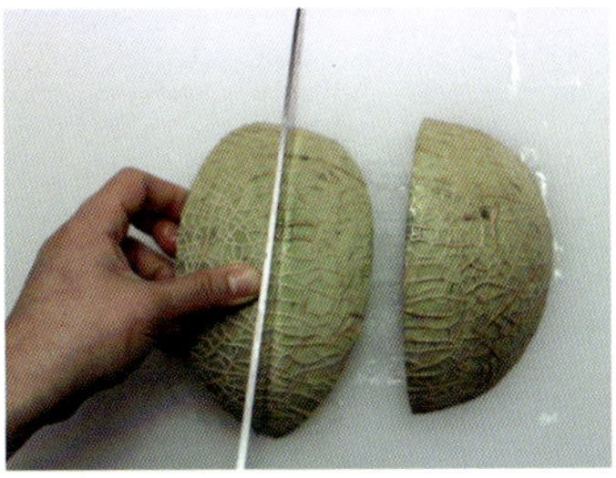

2. 반의 절반을 잘라준다.

3. 씨를 제거해준다.

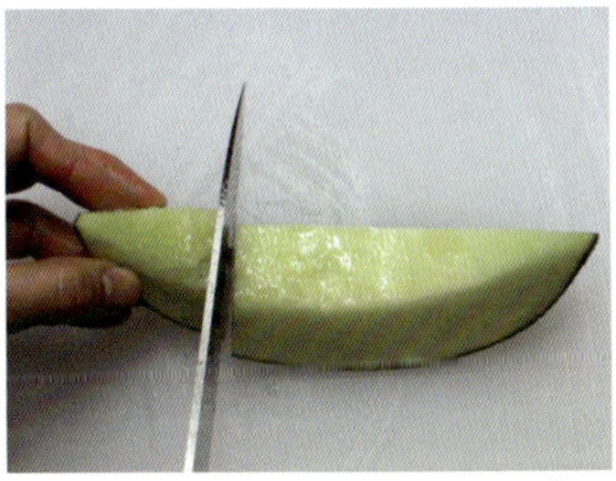

4. 씨를 제거한 메론의 끝부분을 잘라준다.

5. 껍질부분의 샤토나이프를 세워 사진과 같이 그려준다.

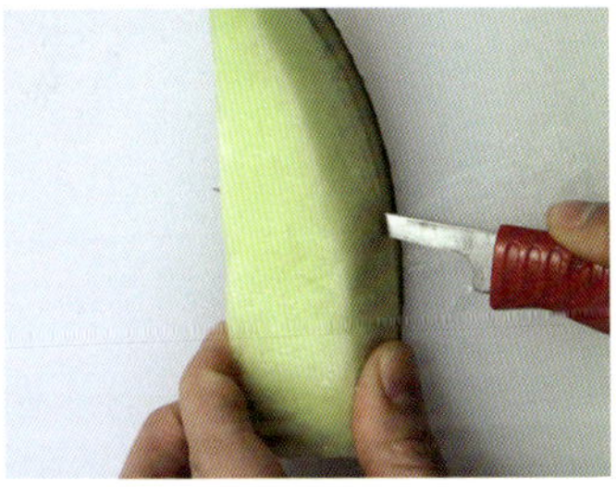

6. 뾰족한 부분으로 칼을 넣어준다.

7. 체리를 꼬지에 꽂아준다.

8. 사진과 같이 꽂아준다.

무&당근

1. 무를 준비한다.

2. 무를 슬라이스 한다.

3. 동그랗게 잘린 무를 8등분 해 준다.

4. 원형커터로 무를 동그랗게 잘라준다.

5. 샤토나이프를 이용하여 분할선을 그려준다.

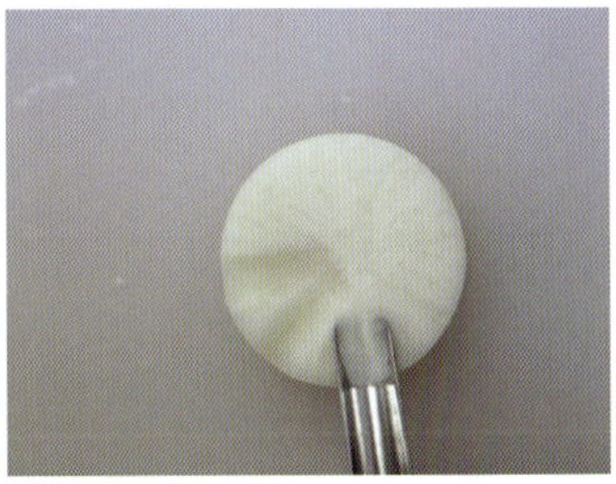
6. 둥근스탠조각도로 분할선을 따라 파내준다.

7. 파낸 홈 안에 꽃잎라인을 그려준다.

8. 필요없는 부분을 제거한다.

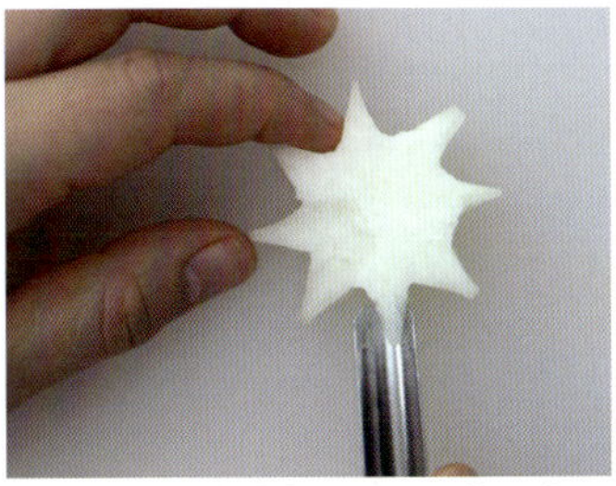
9. 꽃잎의 뒷면을 둥근스탠조각도로 파내준다.

10. 무꽃과 올리브를 꼬지에 꽂아준다.

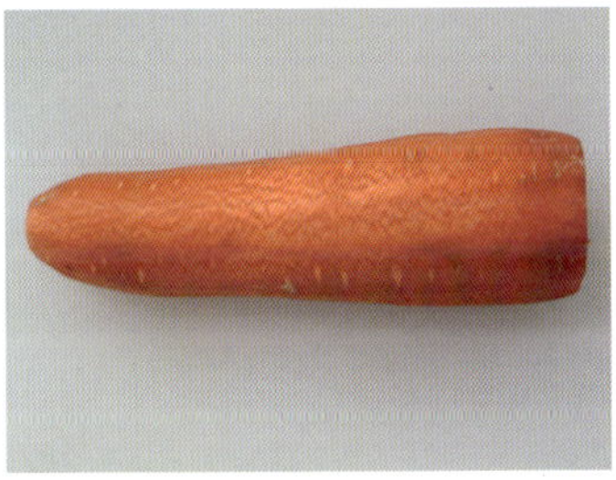
11. 당근을 준비한다.

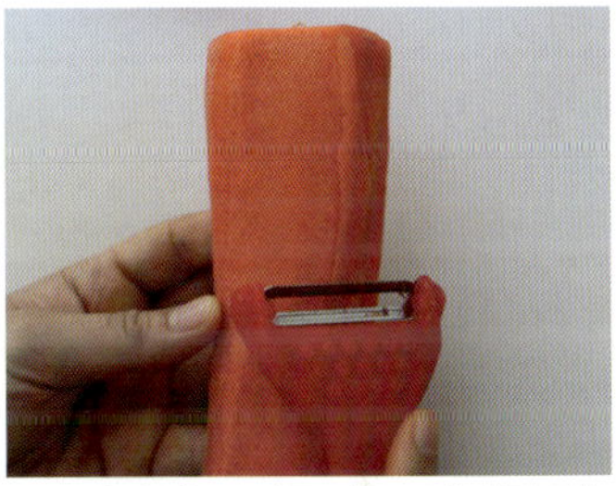
12. 감자칼로 당근의 모서리를 정리한다.

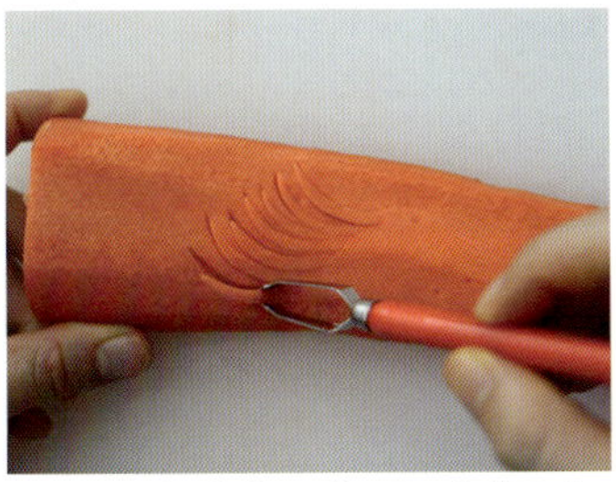
13. 사진과 같이 조각도를 당겨주며 라인을 만들어준다.

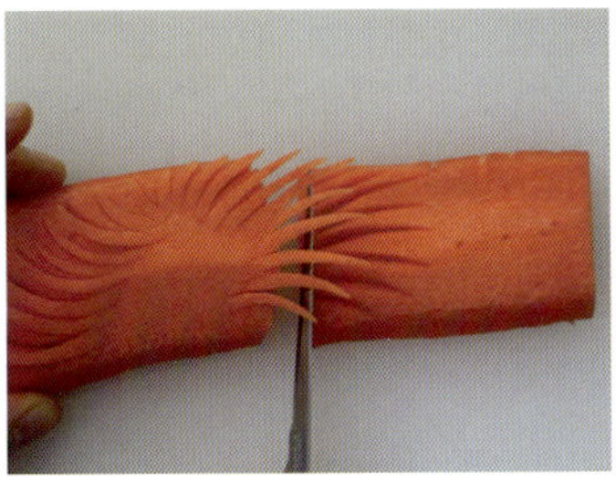
14. 샤토나이프를 이용하여 필요없는 부분을 잘라준다.

15. 2개를 만들어준다.

16. 사진과 같이 꼬지에 꽂아준다.

17. 만들어 놓은 무꽃을 꼬지에 꽂아준다.

18. 완성한다.

아보카도

1.아보카도를 준비한다.

2. 절반으로 잘라준다.

3. 한번더 절반으로 잘라준다.

4. 얇게 슬라이스 쳐준다.

5. 여러개를 슬라이스 한다.

6. 사진과 같이 잘라준다.

7. 자른 아보카도를 꼬지에 꽂아준다.

8. 슬라이스 친 아보카도를 사진과 같이 자른다.

9. 사진과 같이 만든다.

10. 꼬지에 꽂아준다.

11. 체리에 꼬지를 꽂아준다.

12. 완성한다.

양구메론

1. 양구메론을 준비한다.

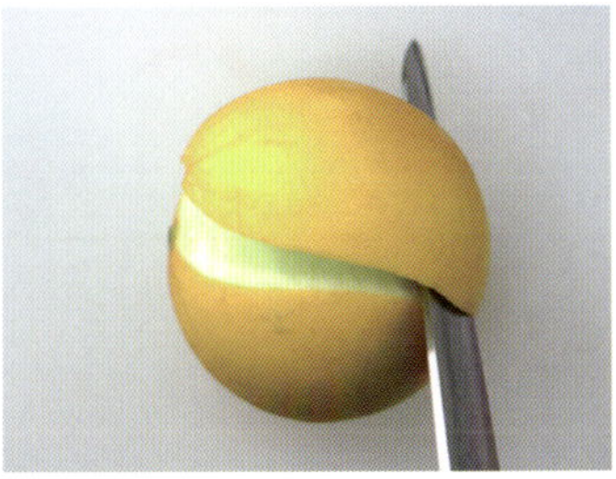

2. 껍질을 잘라준다.

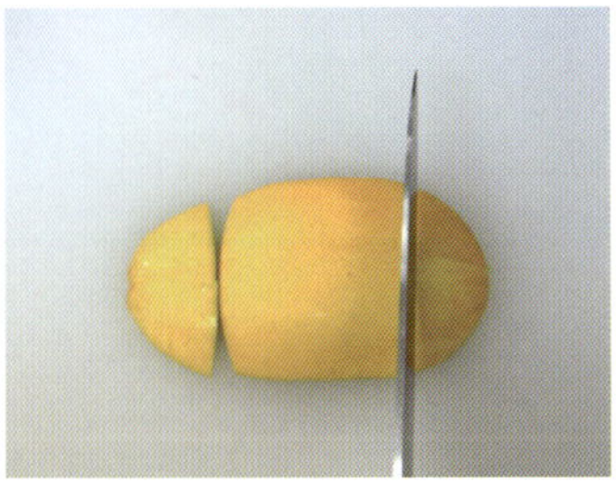

3. 양쪽을 잘라준다.

4. 샤토나이프를 이용하여 정사각형으로 잘라준다.

5. 사진과 같이 칼집을 넣어준다.

6. 껍질과 과육사이에 칼집을 넣어준다.

7. 사진과 같이 과육을 잘라준다.

8. 정사각형을 남기고 깔끔히 정리한다.

9. 꼭지점을 가운데로 모아준다.

10. 꼬지에 꽂아준다.

11. 체리를 꽂아준다.

12. 둥근 조각도를 사용하여 라임껍질을 길게 잘라준다.

13. 가늘한 머들러에 라임껍질을 꼬아준다.

14. 완성한다.

연근

1. 연근을 준비한다.

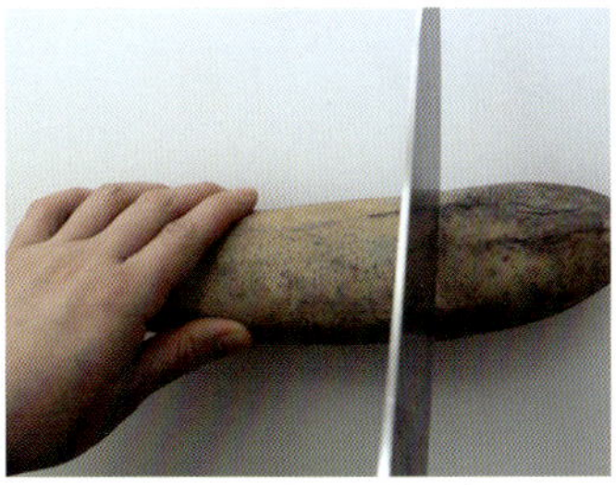

2. 연근 끝부분을 잘라준다.

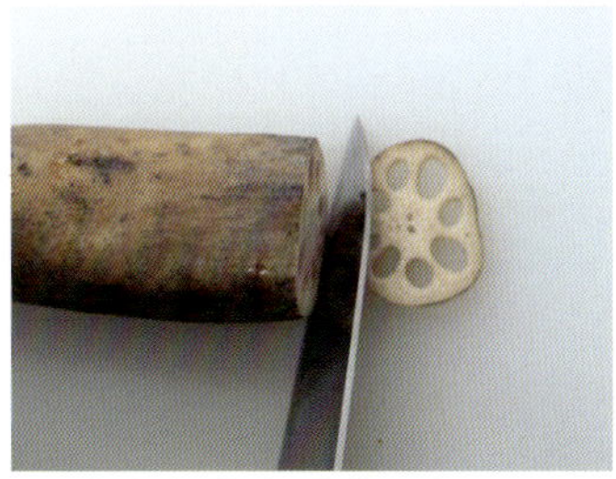

3. 사진과 같이 잘라준다.

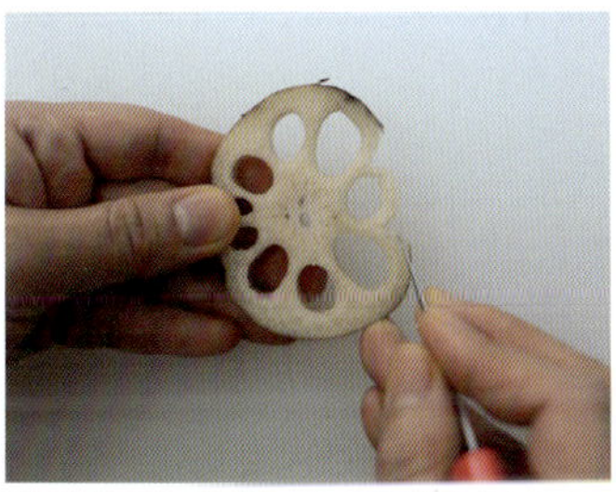

4. 동그란 홈을 따라 둥글게 잘라 준다.

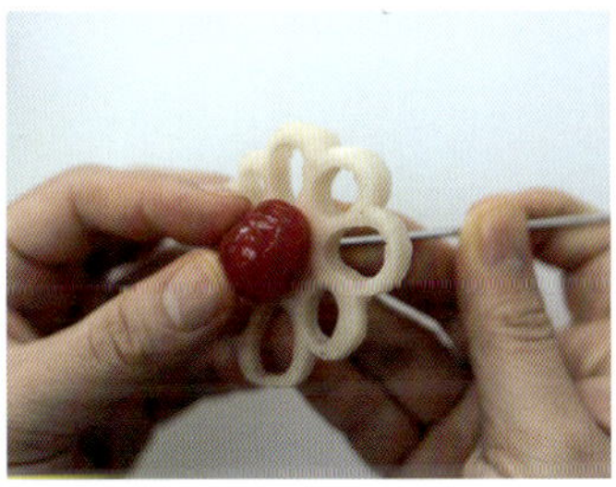

5. 꼬지에 체리를 꽂아준다.

6. 완성한다.

용과1

1. 용과를 준비한다.

2. 용과를 절반 잘라준다.

3. 또 한번 절반 잘라준다.

4. 가로로 절반을 잘라준다.

5. 여러개를 슬라이스 한다.

6. 슬라이스 친 용과조각을 절반으로 잘라준다.

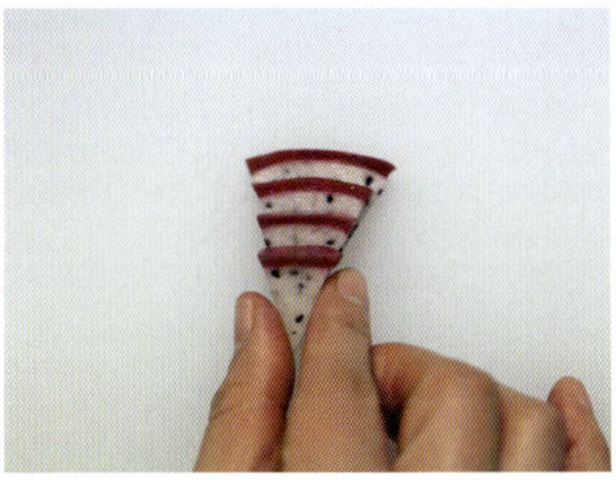

7. 크기별로 만들어준다.

8. 대나무꼬지에 체리를 꽂아준다.

9. 크기가 제일 큰 용과조각을 꼬지에 꽂아준다.

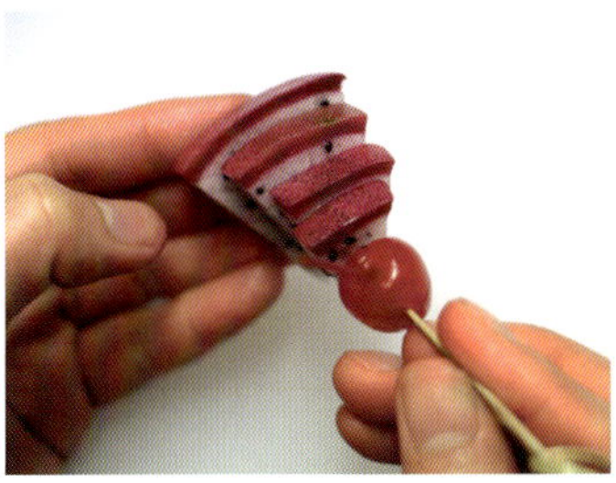

10. 크기가 큰 조각부터 순서대로 꽂아준다.

11. 완성한다.

용과2

1. 용과를 준비한다.

2. 용과를 절반 잘라준다.

3. 또 한번 절반 잘라준다.

4. 가로로 절반을 잘라준다.

5. 용과를 슬라이스 한다.

6. 잔에 꽂아준다.

용과3

1. 용과를 준비한다.

2. 용과를 절반 잘라준다.

3. 또 한번 절반 잘라준다.

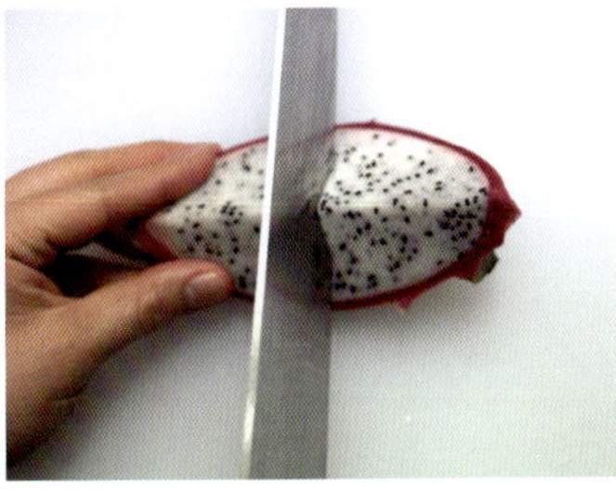
4. 가로로 절반을 잘라준다.

5. 용과를 슬라이스 한다.

6. 대나무꼬지에 체리를 꽂아준다.

7. 크기가 제일 큰 용과조각을 꼬지에 꽂아준다.

8. 완성한다.

자몽1

1. 자몽을 잘라준다.

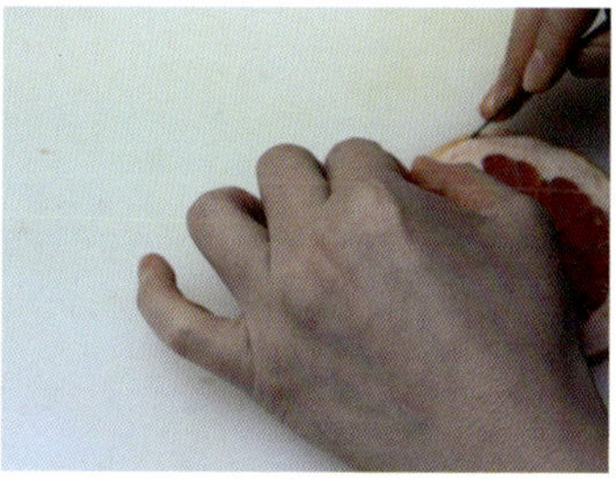

2. 껍질부분만 잘라준다.

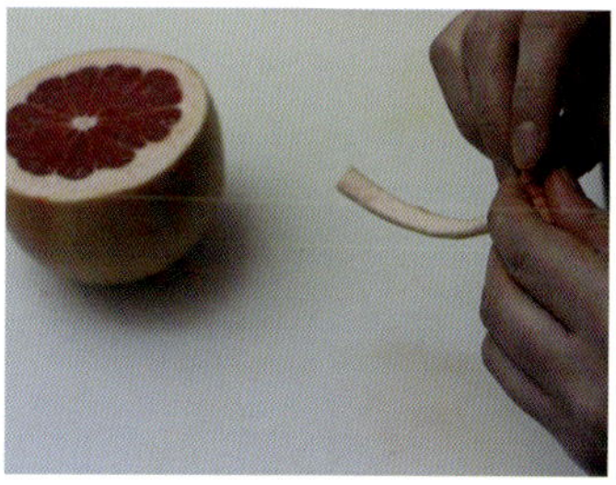

3. 자른 껍질을 돌돌 말아준다.

3-1 스프링 완성

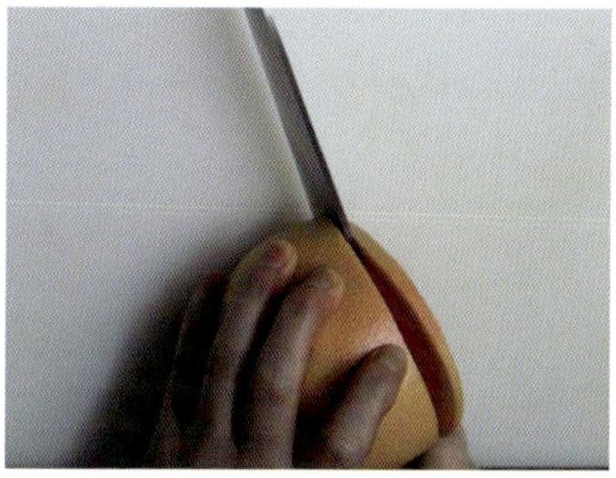

4. 자몽을 잘라준다.

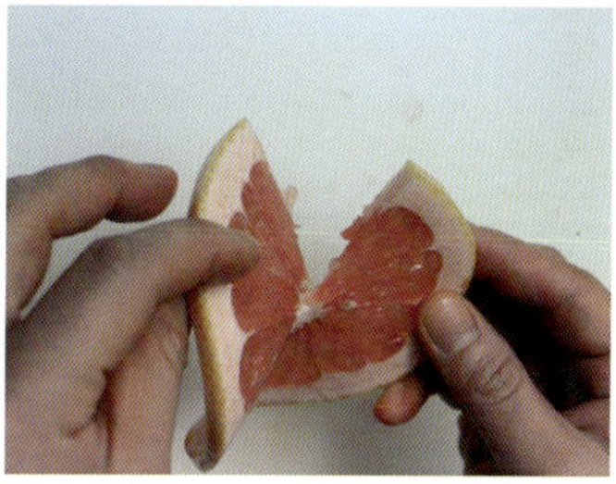

5. 자몽에 반지점을 칼로 잘라준다.

6. 자몽을 꼬아준다.

7. 꼬지를 이용해 체리를 끼워준다.

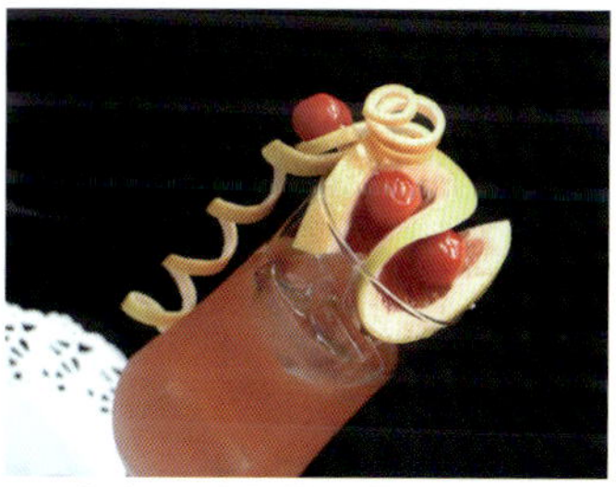

8. 잔에 꼬지를 올린후 자몽스프링을 걸어준다.

자몽2

1. 자몽을 절반으로 잘라준다.

2. 자몽을 슬라이스 해준다.

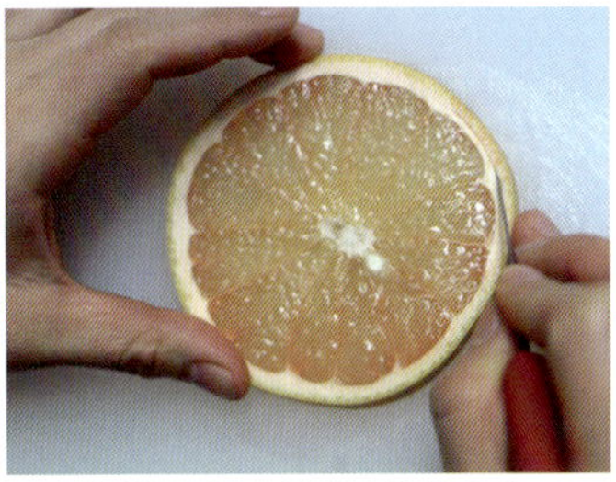

3. 껍질을 동그랗게 잘라준다.

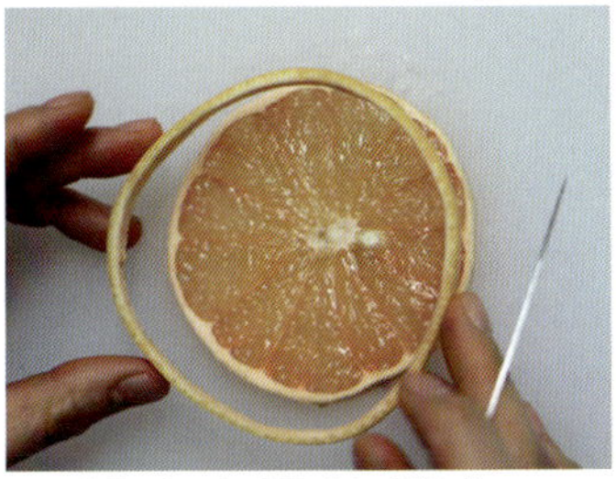

4. 과육과 껍질을 분리한다.

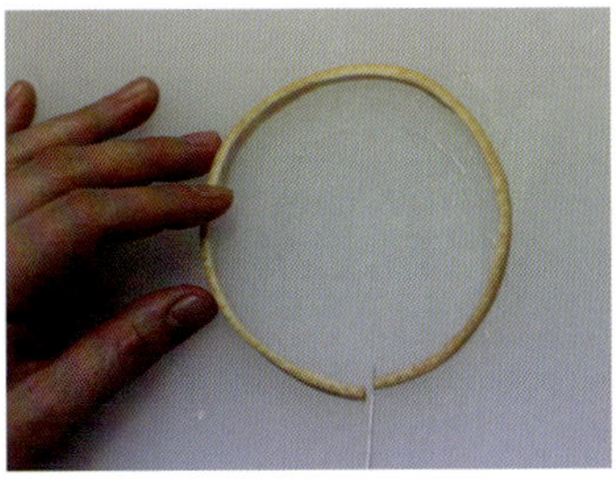

5. 껍질의 반지름을 자른다.

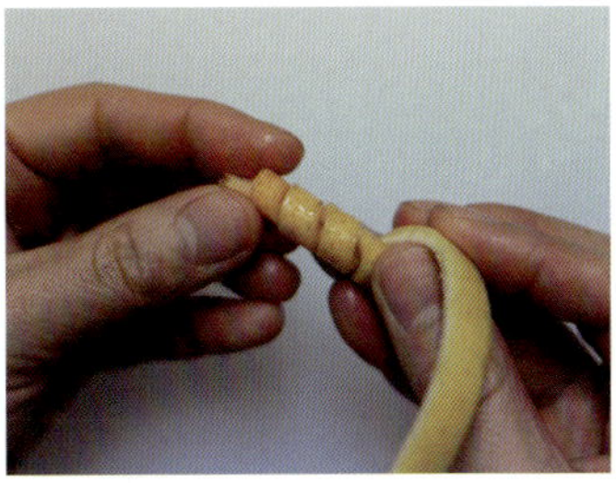

6. 껍질을 꼬아준다.

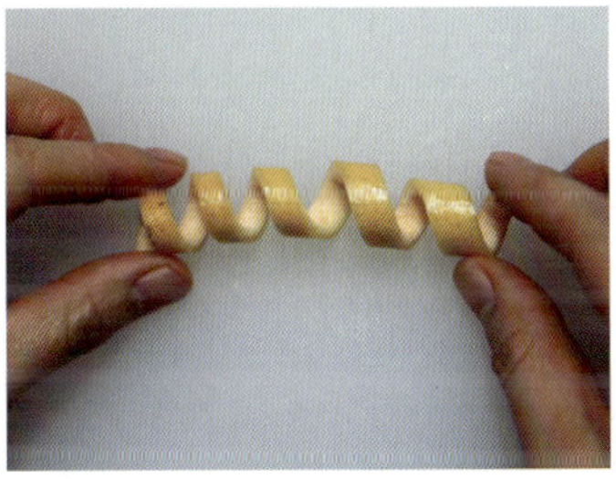

7. 끝까지 스프링처럼 꼬아준다.

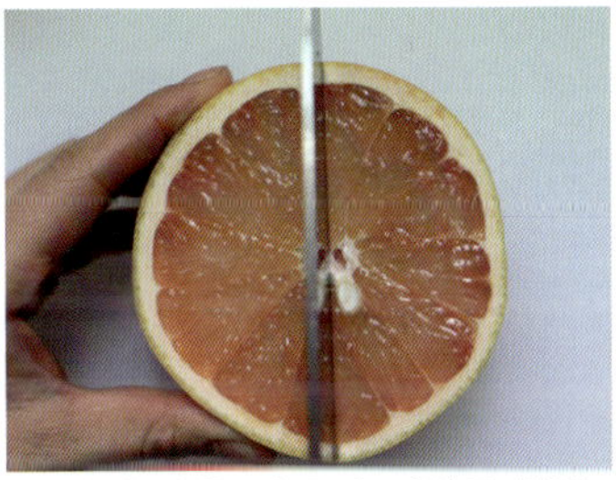

8. 아까 남은 자몽의 절반을 한번 더 잘라준다.

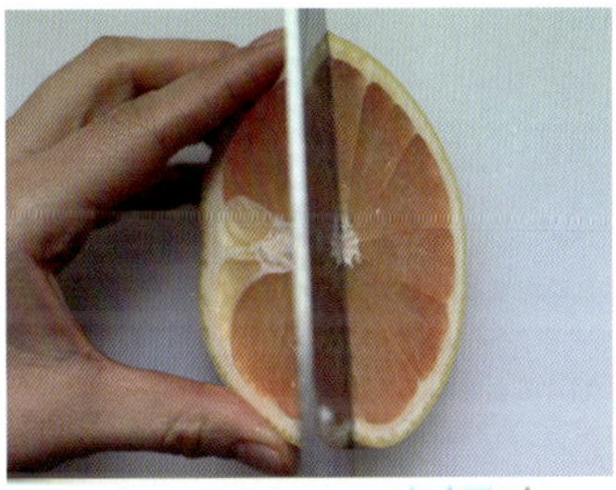

9. 또 한번 절반으로 잘라준다.

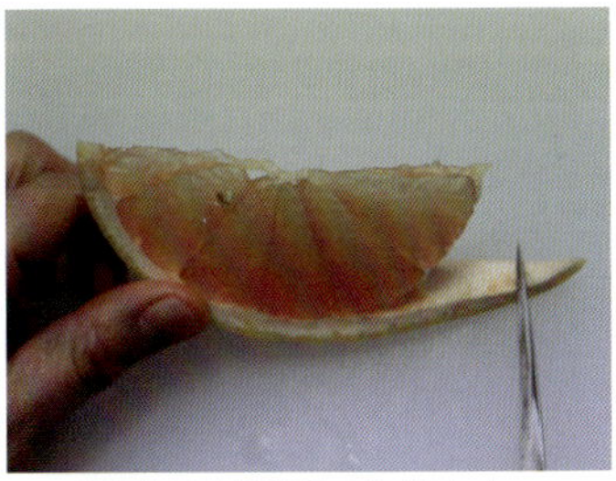

10. 껍질의 절반을 잘라준다.

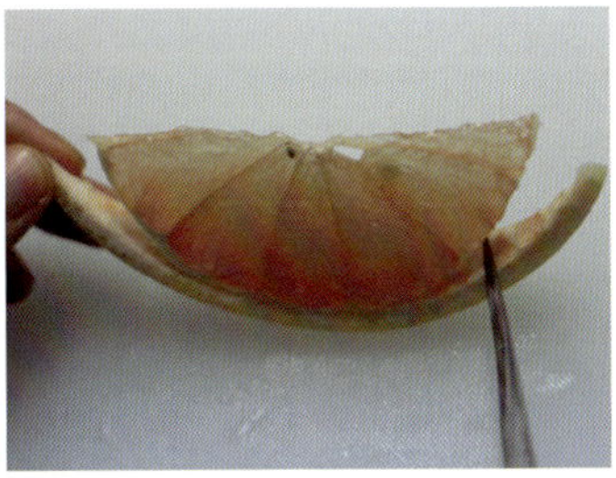

11. 반대편 껍질도 1cm를 남기고 잘라준다.

12. 양쪽의 길이가 다르도록 대각선으로 칼집을 넣어준다.

13. 짧은쪽의 껍질을 양쪽 다 안쪽으로 말아준다.

14. 체리를 양쪽에 끼워준다.

15. 완성한다.

자몽3

1. 자몽을 절반으로 잘라준다.

2. 과육과 껍질 사이에 칼을 넣어 도과육을 도려낸다.

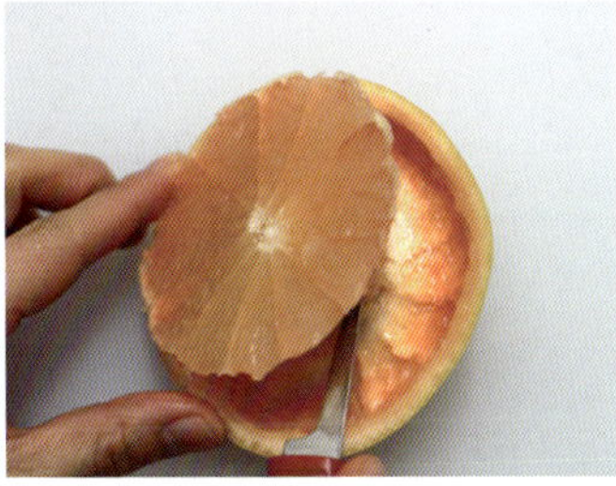

3. 가운데 심지부분을 잘라 과육을 분리한다.

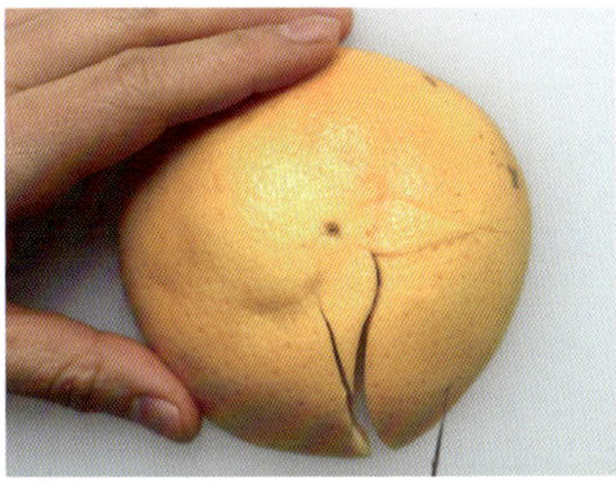

4. 꽃잎라인을 그린다.

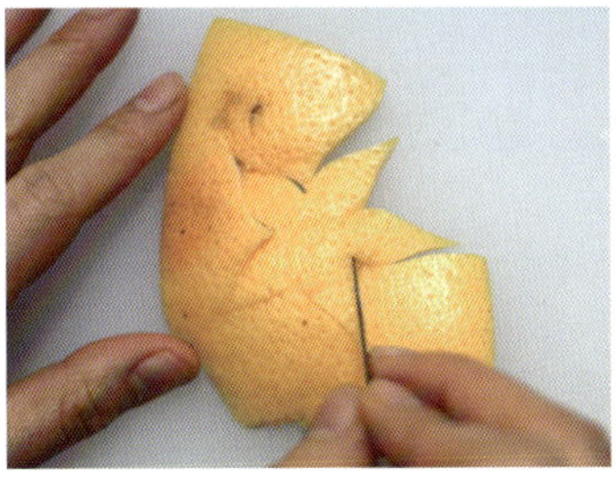

5. 5개의 꽃잎을 그려준다.

6. 필요없는 부분을 제거한다.

7. 자몽의 껍질을 벗겨준다.

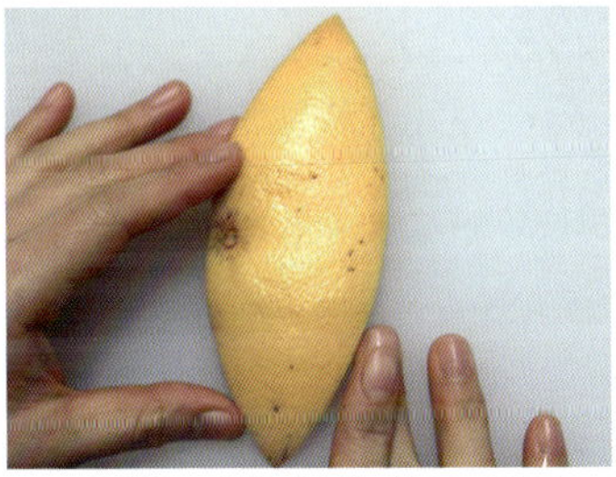

8. 껍질을 다듬어 럭비공모양을 만들어준다.

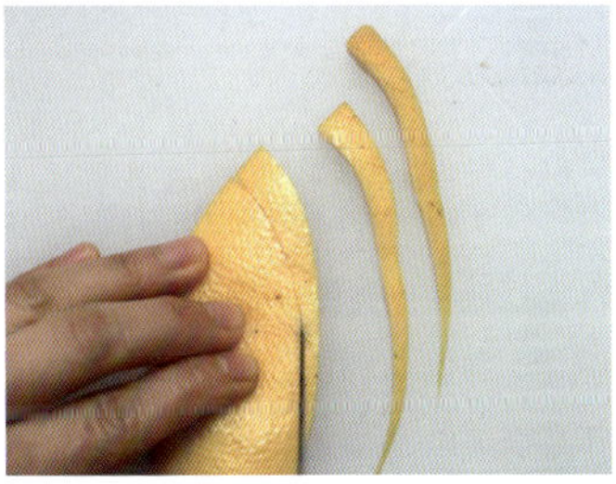

9. 껍질의 옆라인을 쫓아가며 잘라준다.

10. 꼬지에 꽂아준다.

11. 라임을 절반으로 잘라준다.

12. 또 한번 절반으로 잘라준다.

13. 다시 한번 잘라준다.

14. 껍질을 도려낸다.

15. 두개의 껍질을 만든다.

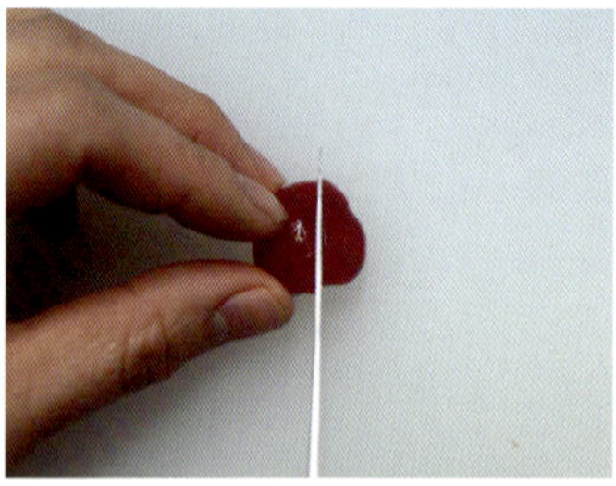
16. 체리를 절반으로 잘라준다.

17. 자몽꽃 위에 올려준다.

18. 꼬지에 라임을 꽂아준다.

19. 자몽을 꽂아준다.

20. 체리를 꽂아준다.

21. 파인애플 잎을 절반으로 잘라준다.

22. 파인애플 잎을 꼬지에 꽂아준다.

23. 두개의 파인애플 잎을 꼬지에 꽂아준다.

참외1

1. 참외를 준비한다.

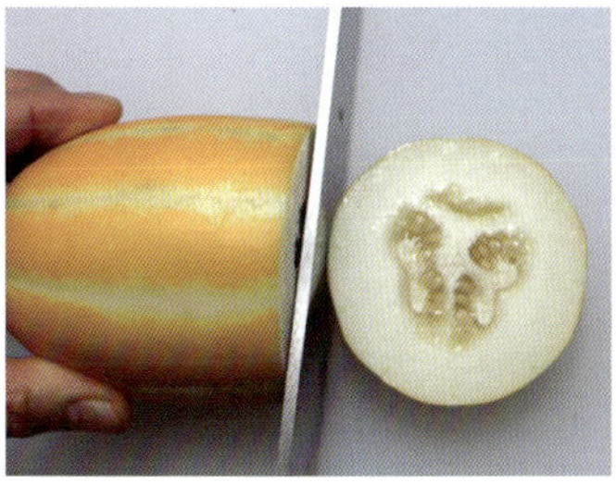

2. 참외를 잘라준다.

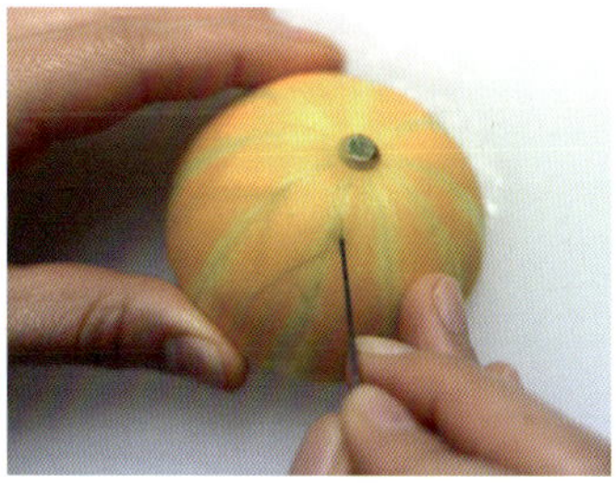

3. 참외의 결대로 꽃잎라인을 그려준다.

4. 7개의 꽃잎을 만들어준다.

5. 꽃잎부분의 과육과 껍질을 분리한다.

6. 껍질의 겉꽃잎라인을 제거해준다.

7. 7개의 꽃잎을반복하여 작업한다.

8. 레몬을 슬라이스 한다.

9. 껍질을 원을 그리며 잘라준다.

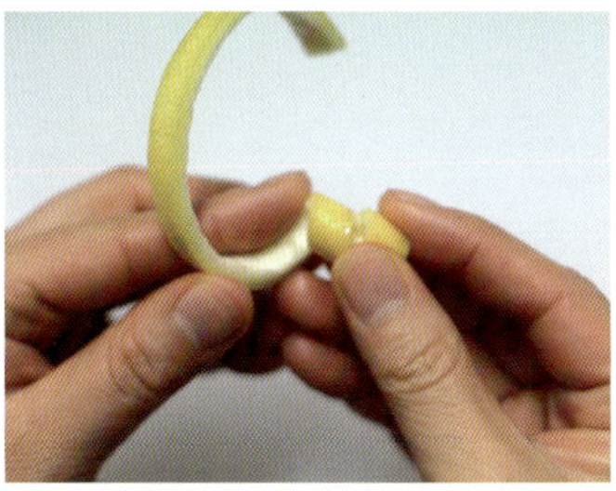

10. 레몬껍질을 스프링모양으로 꼬아준다.

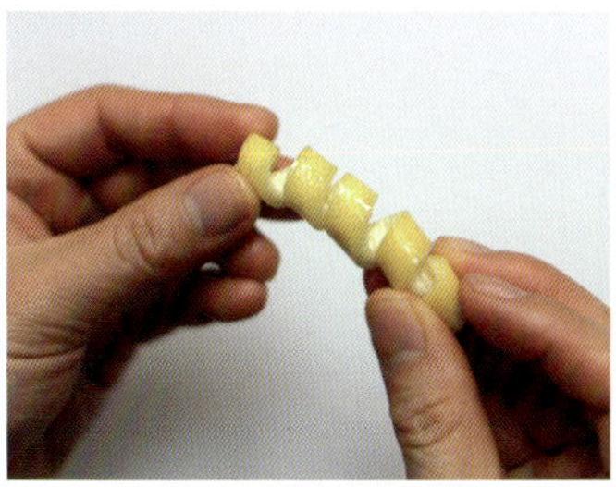

11. 사진과 같이 끝까지 꼬아준다.

12. 완성한다.

참외2

1. 참외를 준비한다.

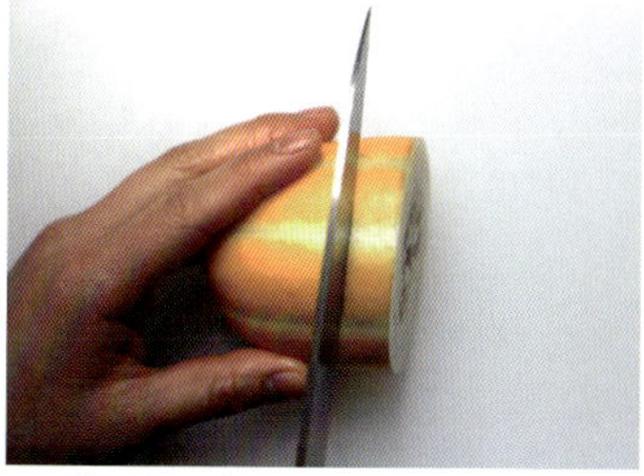

2. 참외를 잘라준다.

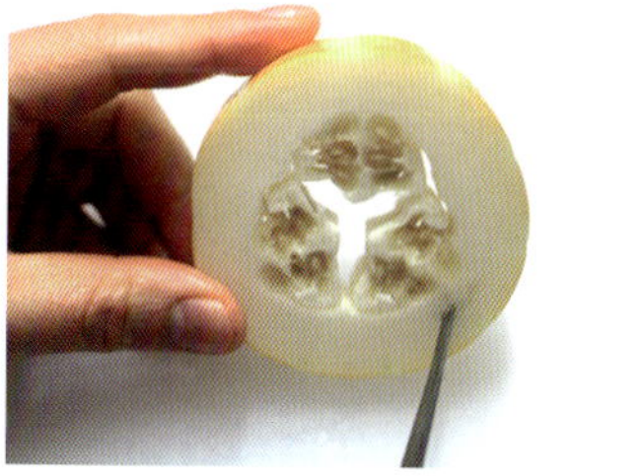

3. 칼을 넣어 씨를 제거한다.

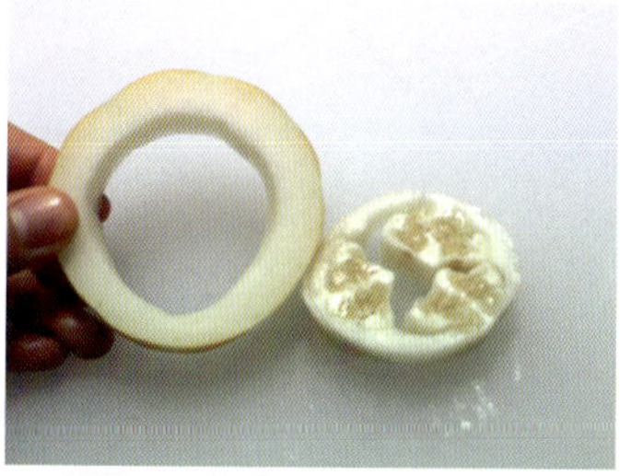

4. 원을 그리며 칼을 넣은 후 씨를 분리한다.

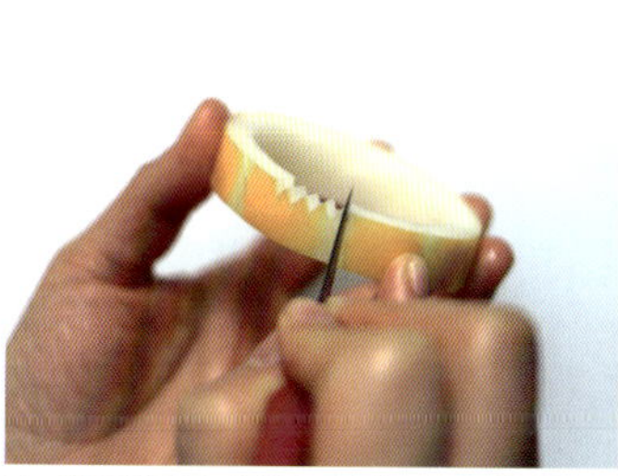

5. 윗부분을 톱니모양으로 홈을 내준다.

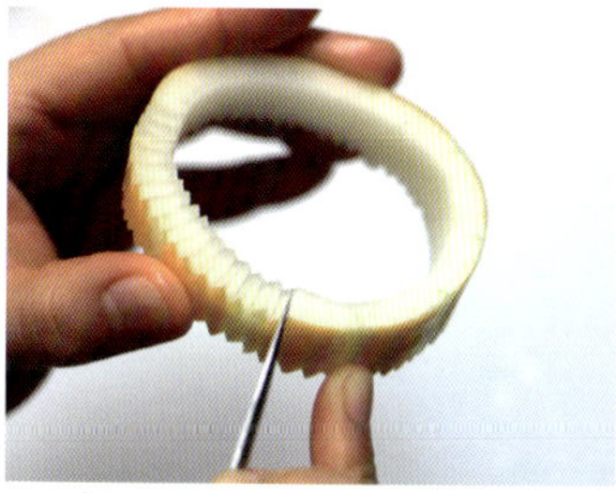

6. 밑부분도 톱니 홈을 내준다.

참외1

1. 준비한 키위를 절반으로 자른다.

2. 키위 절반을 사진과 같이 둥글려준다.

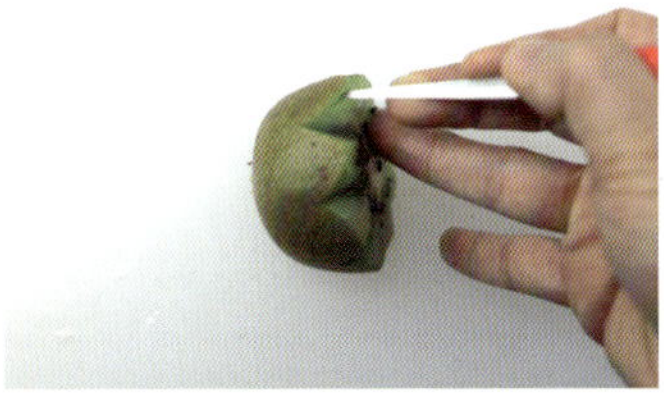

3. 껍질과 과육 사이에 칼집을 넣어준다.

4. 과육을 빼낸다.

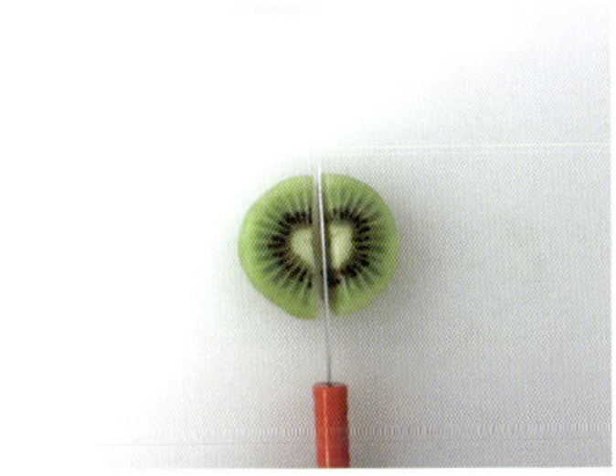

5. 과육을 절반으로 자른다.

6. 잘게 잘라준다.

7. 키위껍질에 과육을 넣어준다.

8. 정가운데 체리를 올려준다.

9. 둥근 조각도를 사용하여 라임 껍질을 길게 잘라준다.

10. 가늘한 머들러에 라임껍질을 꼬아준다.

파인애플&포도

1. 꼬지에 포도를 꽂는다.

2. 꼬지 윗부분 1cm 밑까지 포도를 꽂아준다.

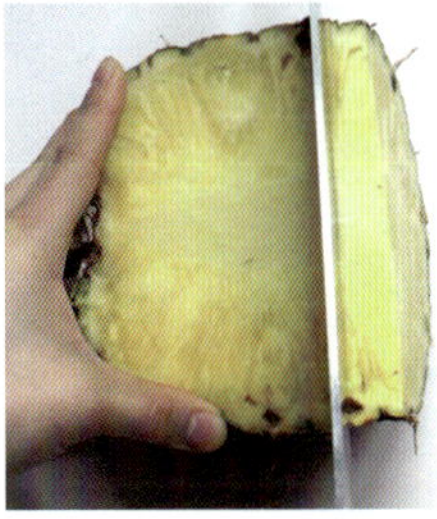

3. 반의 반을 자른다.

4. 샤토나이프를 세워 반원을 그린다.

5. 라인의 안쪽 모서리를 제거해준다.

6. 샤토나이프를 세워 바람개비 꽃잎 라인을 그린다.

7. 나머지부분을 제거해준다.

8. 토마토를 절반으로 자른다.

9. 4에서 그린 반원 안에 토마토를 넣어준다.

10. 포도꼬지에 파인애플을 꽂아준다.

파파야

1. 파파야 껍질을 깎아준다.

2. 샤또나이프를 세워 물결라인을 그려준다.

3. 반복하여 그려준다.

4. 가운데 라인이 가장 길도록 그려준다.

5. 밑부분 양쪽을 살짝 잘라낸다.

6. 밑부분 가운데 홈을 파준다.

패션후르츠

1. 패션후르츠를 절반으로 자른다.

2. 숟가락으로 과육을 제거한다

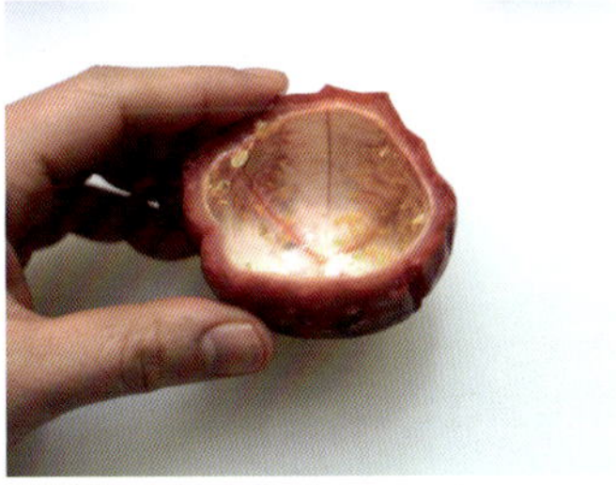
3. 깨끗히 긁어낸다.

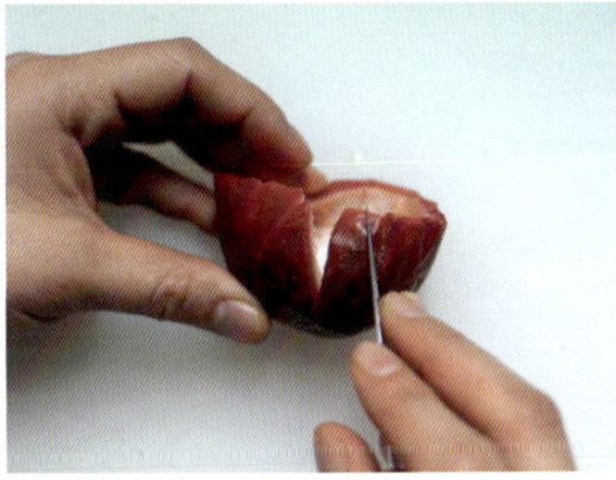
4. 꽃잎라인을 그린다.

5. 반복하여 작업한다.

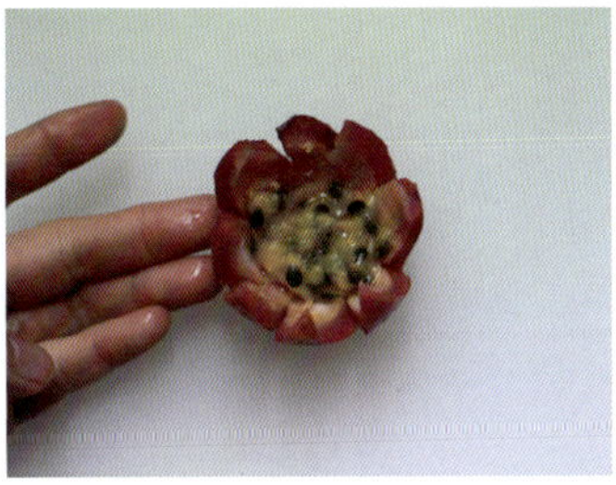
6. 과육을 조금 넣어준다.

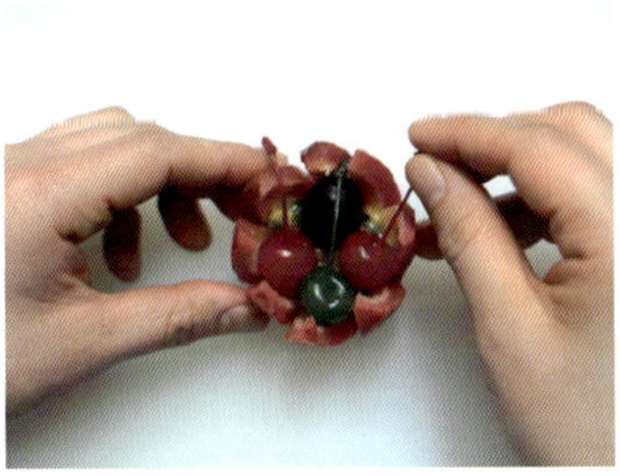
7. 올리브, 체리를 얹어준다.

8. 완성한다.

호박

1. 호박을 절반으로 잘라준다.

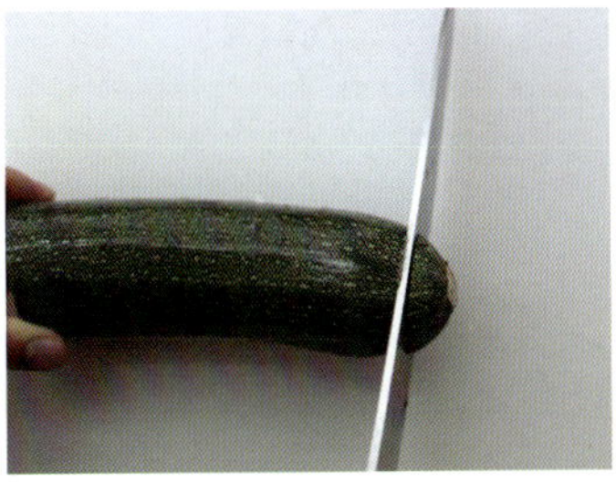

2. 꼭지부분을 잘라준다.

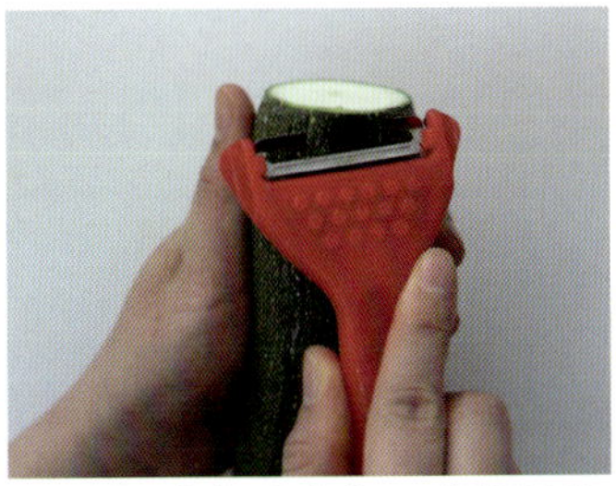

3. 결을 따라 감자칼로 껍질을 깎아준다.

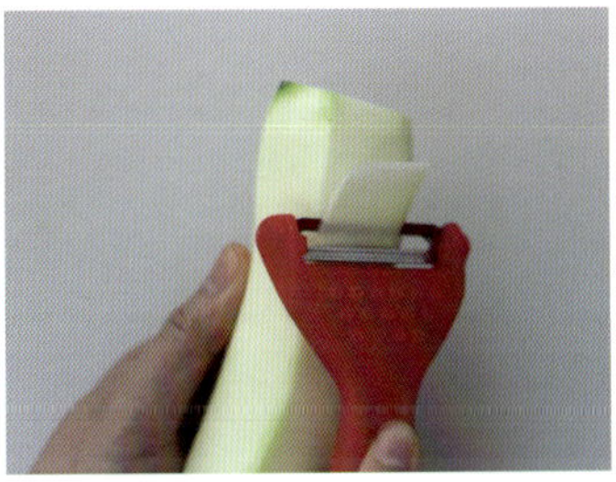

4. 속 흰부분도 감자칼로 깎아준다.

5. 껍질부분 1개, 속살부분 1개를 반달모양으로 잘라준다.

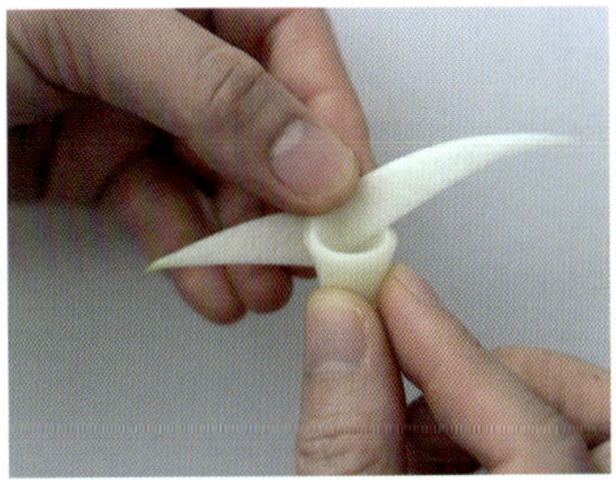

6. 끝과 끝이 엇갈리도록 꼬아준다.

7. 껍질부분도 마찬가지로 똑같이 만들어준다.

8. 꼬아준 호박을 꼬지에 꽂아준다.

9. 꼬지체리를 꽂아준다.

Cocktail

칵테일 가니쉬
고급

단감

1. 단감을 준비한다.

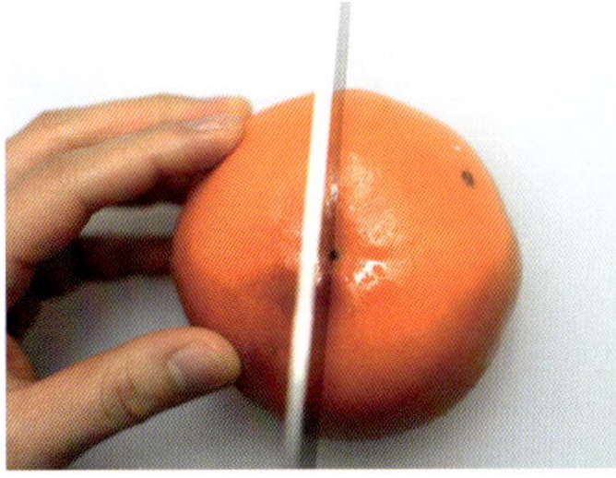

2. 단감을 절반으로 잘라준다.

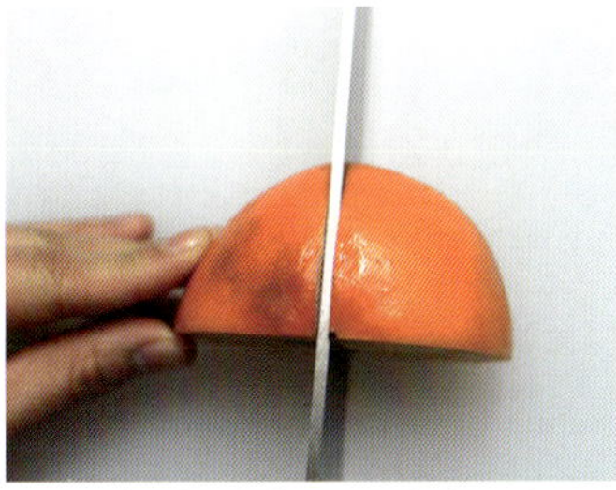

3. 또 한번 절반으로 잘라준다.

4. 단감의 중앙부분부터 럭비공모양으로 잘라준다.

5. 6개를 만들어준다.

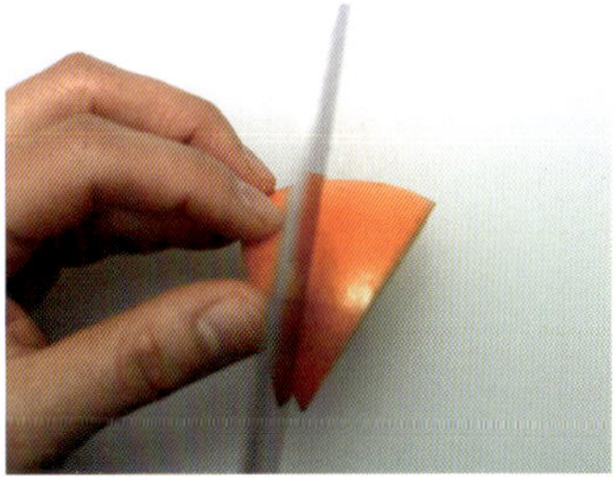

6. 4등분 한 단감을 한번 더 절반을 잘라준다.

7. 껍질을 얇게 잘라준다.

8. 꼬지에 체리를 꽂아준다.

9. 만들어놓은 단감을 사진과 같이 꼬지에 꽂아준다.

10. 완성한다.

라임

1. 라임을 준비한다.

2. 라임을 절반으로 잘라준다.

3. 또 한번 절반으로 잘라준다.

4. 다시 한번 잘라준다.

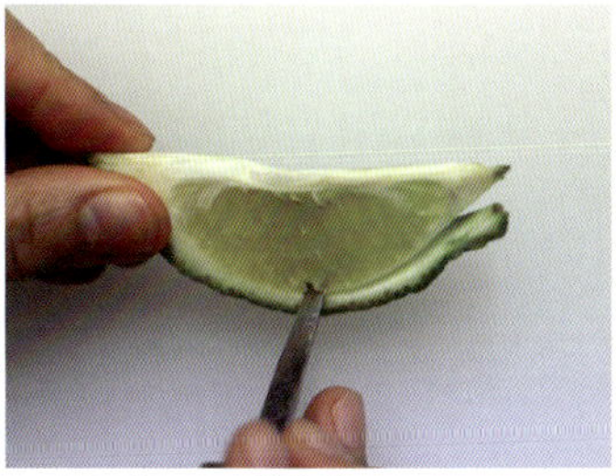

5. 껍질을 도려낸다.

6. 껍질 정중앙에 줄기라인을 그려준다.

7. 샤토나이프를 세워 반원을 그려준다.

8. 샤토나이프를 눕혀서 라인 안을 파내준다.

9. 두개의 꽃잎을 만든다.

10. 대나무꼬지에 두개의 잎을 꽂아준다.

11. 꼬지 앞부분에 체리를 꽂아준다.

12. 완성한다.

람부탄

1. 람부탄에 꽃잎라인을 그려준다.

2. 반복하여 작업한다.

3. 꽃잎들을 펼쳐준다.

4. 껍질을 반으로 접는다.

5. 반복하여 작업한다.

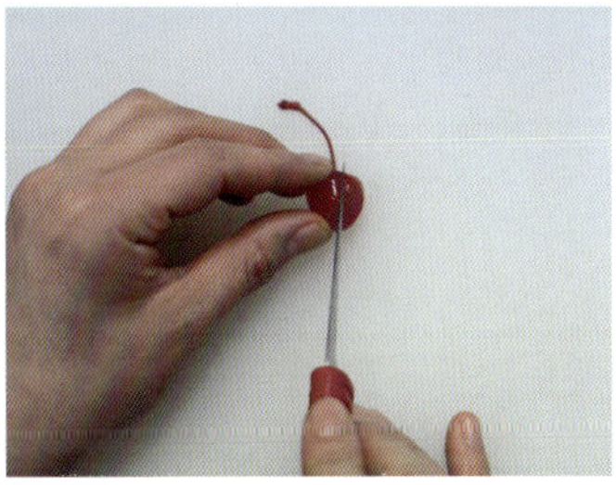

6. 체리를 절반으로 자른다.

7. 체리를 위에 얹는다.

8. 완성한다.

칵테일
가니쉬
고급

레몬1

1. 레몬을 준비한다.

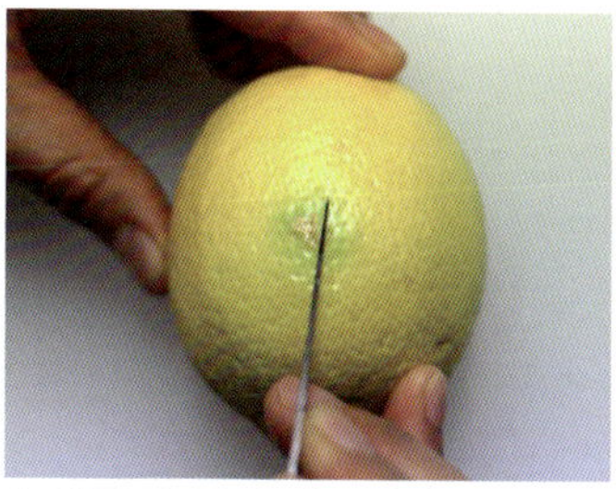

2. 사진과 같이 샤또나이프를 세워 깊게 칼을 넣어준다.

3. 한쪽면에 필요없는 껍질을 제거한다.

4. 반대편 껍질도 제거한다.

5. 손잡이에 칼을 넣어준다.

6. 레몬 과육 중앙부분에 칼을 넣어준다.

7. 아래 과육부분에도 칼을 넣어준다.

8. 과육을 제거한다.

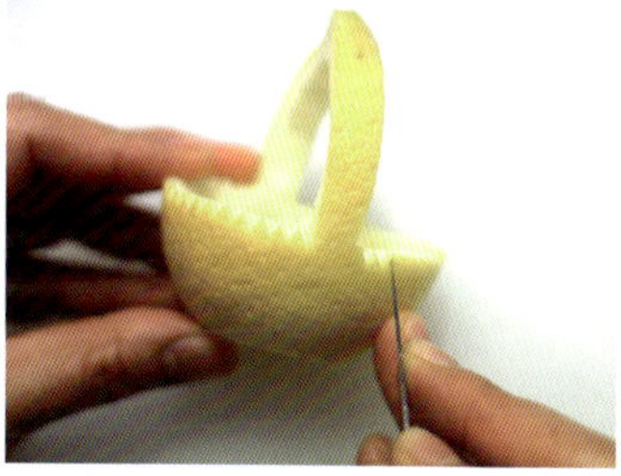

9. 사진과 같이 톱니모양을 넣어준다.

10. 청포도, 올리브, 레드체리, 그린체리로 바구니에 채워넣는다.

레몬2

1. 레몬을 준비한다.

2. 레몬의 양쪽을 제거한다.

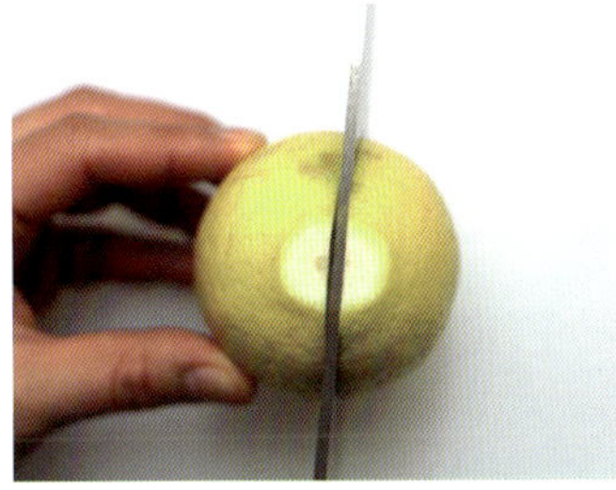

3. 한쪽 끝이 끊기지 않도록 절반으로 잘라준다.

4. 아래에 과육에 칼을 넣어준다.

5. 아래에 과육을 제거한다.

6. 윗부분 과육에 칼을 넣어준다.

7. 윗부분 과육을 제거한다.

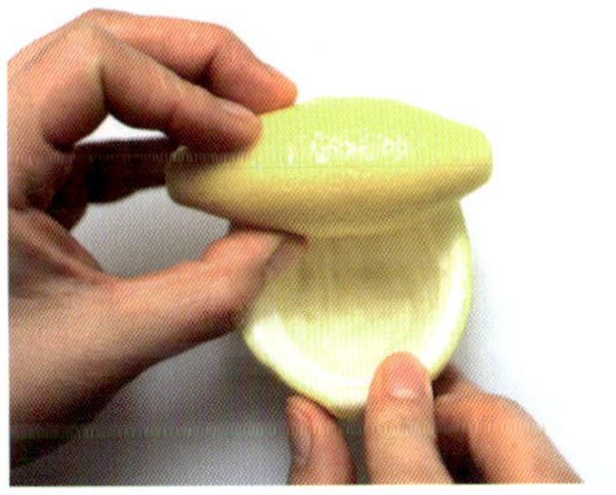

8. 윗껍질을 말아준다.

9. 올리브를 4등분한다.

10. 레드체리를 4등분한다.

11. 그린체리를 4등분한다.

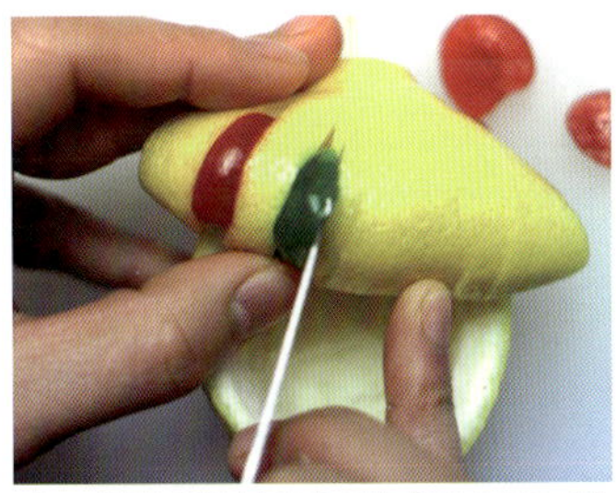

12. 레몬 윗부분에 칼집을 넣어 체리를 넣어준다.

13. 모든 홈에 체리를 넣어준다.

14. 청포도, 올리브, 레드체리, 그린체리를 채워넣는다.

15. 완성한다.

칵테일 가니쉬 고급

무&당근

1. 무를 준비한다.

2. 무를 슬라이스 한다.

3. 동그랗게 잘린 무를 8등분 해 준다.

4. 각도로 8개의 진한선을 그어준다.

5. 선이 중앙부분에 가도록 삼각형을 그려준다.

6. 필요없는 부분을 제거한다.

7. 당근을 준비한다.

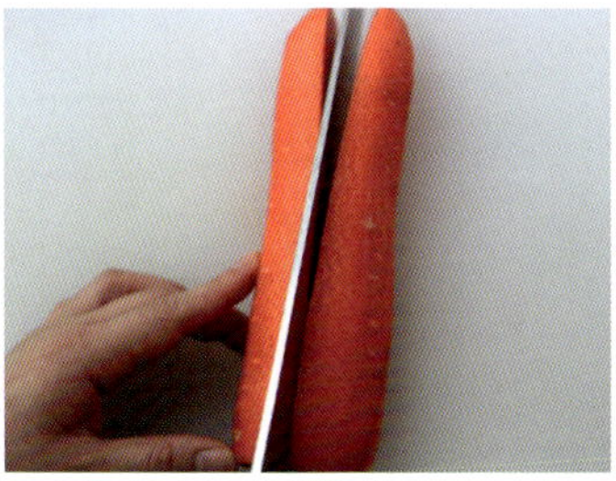

8. 절반으로 잘라준다.

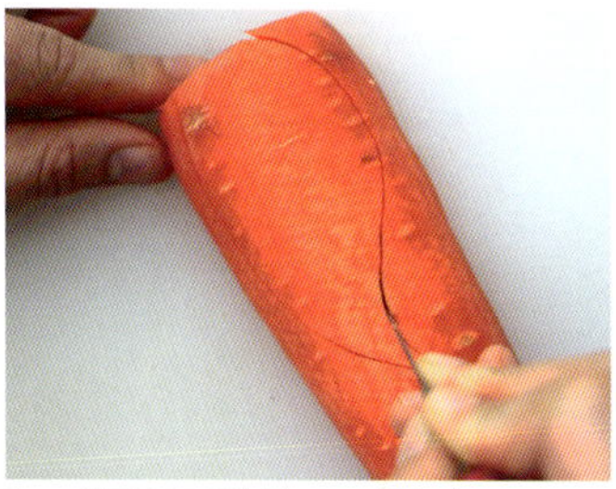

9. 나뭇잎모양을 그려준다.

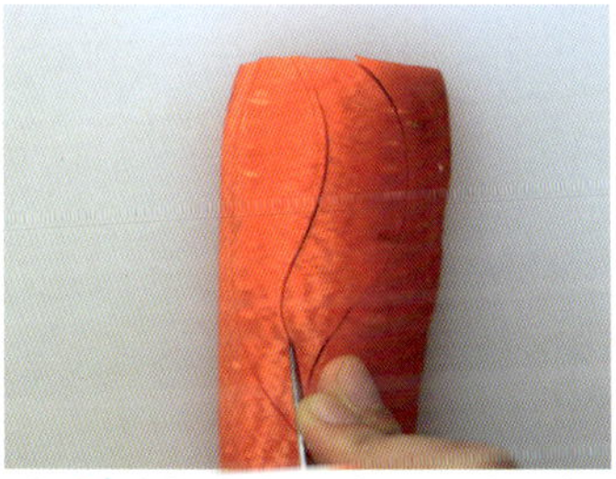

10. 정가운데에 줄기를 그려준다.

11. 줄기 선 테두리를 샤토나이프를 눕혀 제거한다.

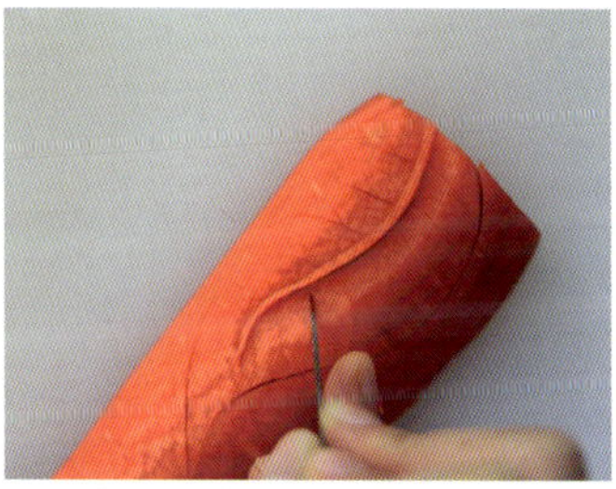

12. 샤토나이프를 세워 사진과 같이 줄기를 그려준다.

13. 선 안쪽면을 제거한다.

14. 나뭇잎을 두개 그린 후 당근을 얇게 쳐준다.

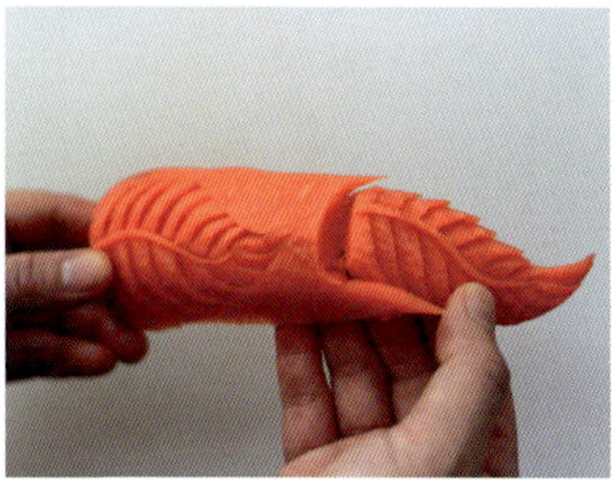

15. 나뭇잎을 떼어낸다.

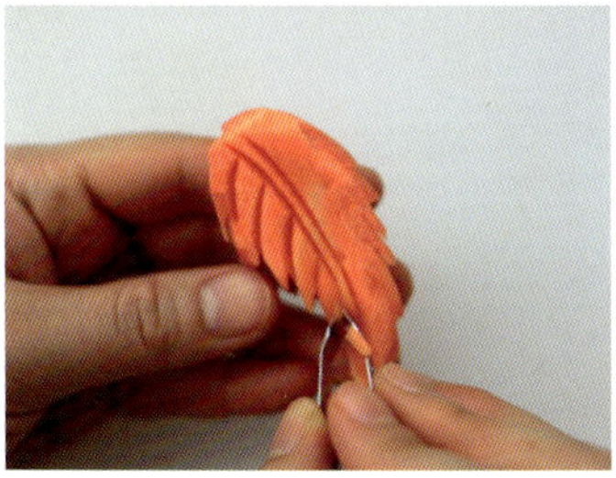

16. 각도를 이용하여 뒷면도 앞면과 같이 만들어준다.

17. 모서리를 제거한다.

18. 똑같은 나뭇잎을 2개 만들어 꼬지에 꽂아 준다.

사과1

1. 사과를 준비한다.

2. 사과를 절반으로 자른다.

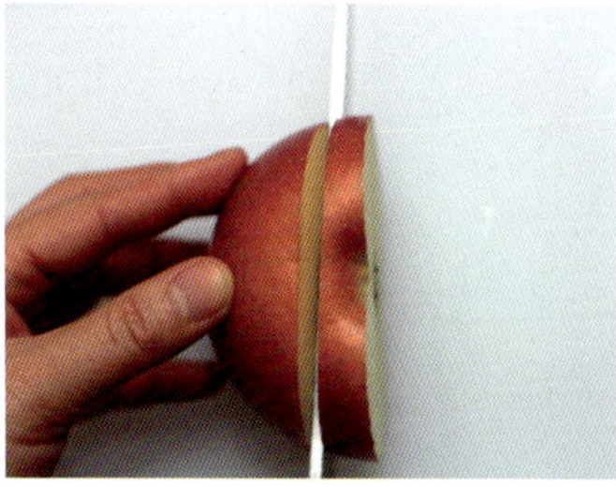

3. 사과의 밑둥을 잘라준다.

4. 사과의 양쪽 끝을 잘라준다.

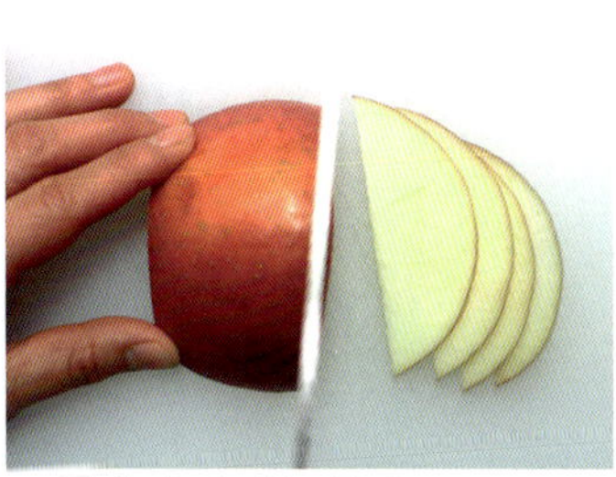

5. 얇게 슬라이스 친다.

6. 슬라이스한 사과를 펼쳐준다.

7. 끝까지 펼쳐 부채모양을 만들어 준다.

8. 꼬지에 꽂아준다.

9. 꼬지에 체리를 꽂아준다.

10. 완성한다.

사과2

1. 사과를 준비한다.

2. 사과를 절반으로 자른다.

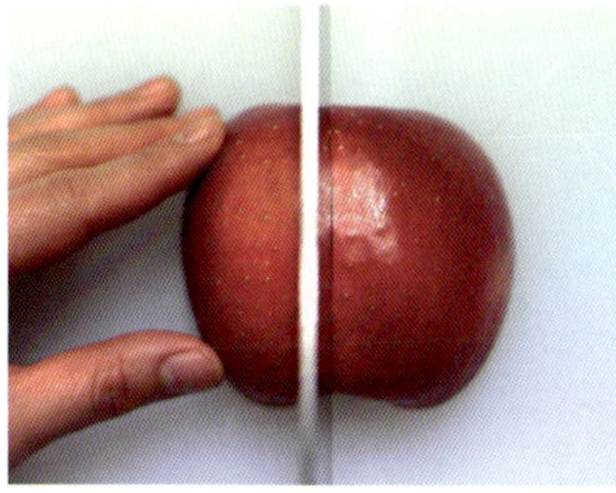

3. 다시 한번 절반으로 잘라준다.

4. 사과의 밑둥을잘라준다.

5. 사진과 같이 사과의 정중앙부터 럭비공모양으로 잘라준다.

6. 8개의 럭비공모양으로 만든다.

7. 모두 위로 향하도록 펼쳐준다.

8. 마지막 밑둥부분의 양쪽을 쳐낸다.

9. 완성한다

사과3

1. 사과를 준비한다.

2. 사과를 절반으로 자른다.

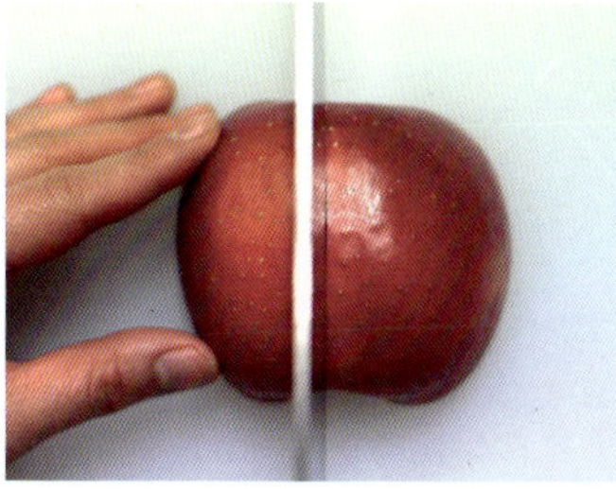

3. 다시 한번 절반으로 잘라준다.

4. 사과의 밑둥을잘라준다.

5. 사진과 같이 사과의 정중앙부터 럭비공모양으로 잘라준다.

6. 8개의 슬라이스 친 사과를 다시 겹쳐준다.

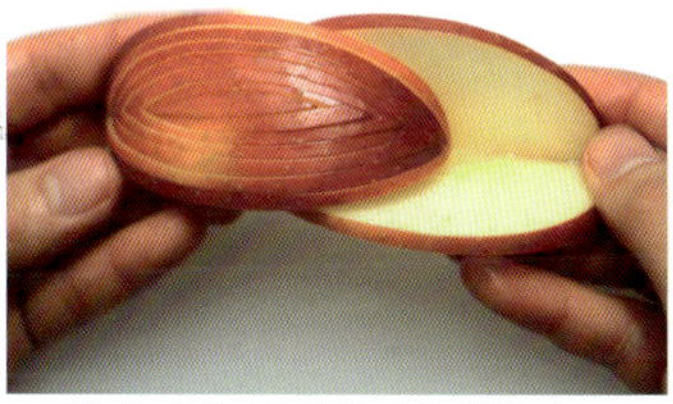

7. 맨마지막 밑둥을 분리한다.

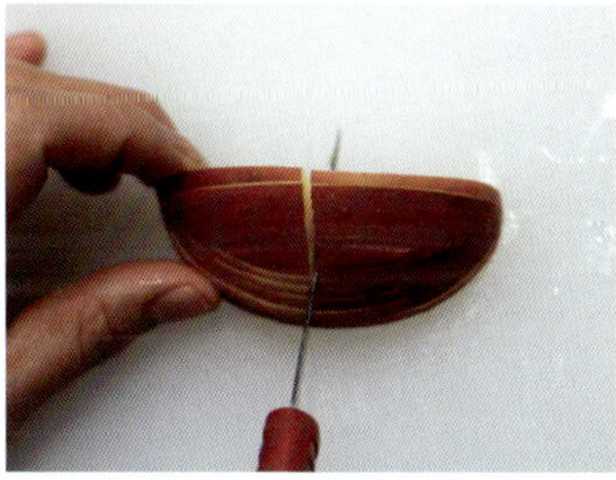

8. 7개의 사과 슬라이스를 반으로 잘라준다.

9. 밑둥 양쪽 끝에 올려준다.

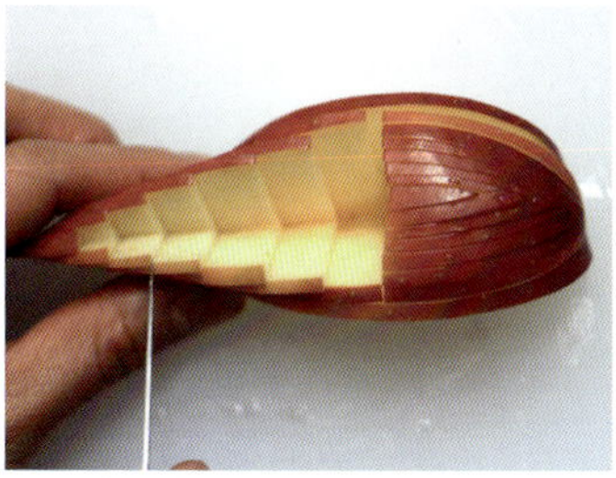

10. 샤토나이프를 이용하여 하나 하나 펼쳐준다.

11. 양쪽 다 펼쳐준다.

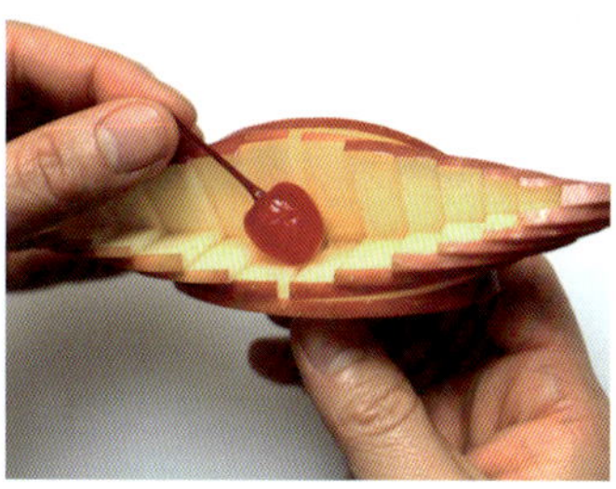

12. 중앙부분에 체리를 올려준다.

사과4

1. 사과를 준비한다.

2. 사과꼭지가 있는부분을 잘라준다.

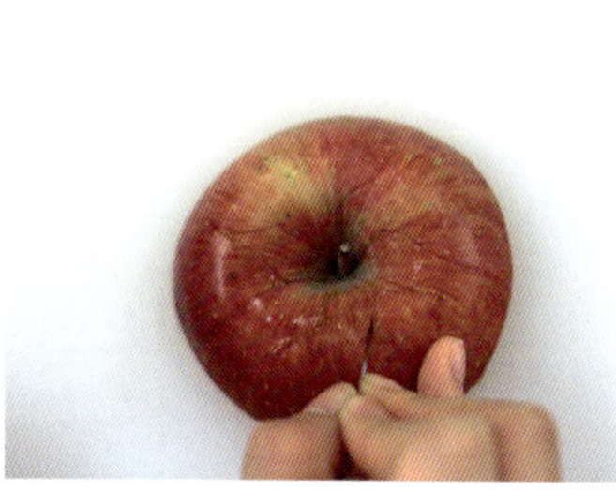
3. 꼭지를 중점으로 꽃잎을 그린다.

4. 필요없는 부분을 제거한다.

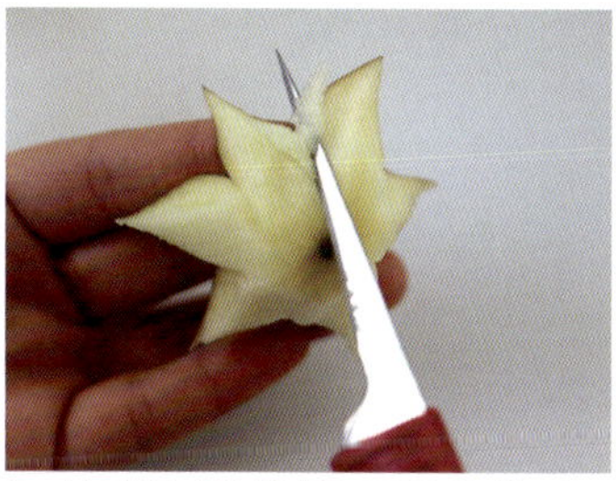
5. 사과꽃 뒷부분을 깔끔하게 정리한다.

6. 꽃잎 안에 V모양을 그려준다.

7. 샤토나이프를 눕혀 꽃잎모양대로 잘라준다.

8. 꽃잎 안쪽을 다파내어준다.

9. 레몬을 준비한다.

10. 둥근칼로 껍질을 길게 잘라준다.

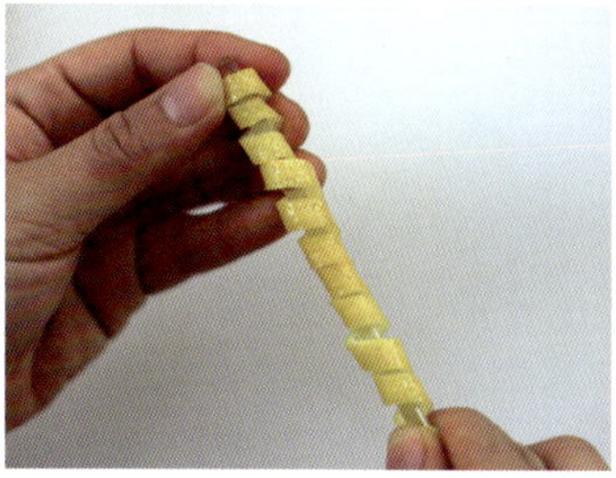
11. 가늘한 머들러에 레몬껍질을 꼬아준다.

12. 완성한다.

수박나비

1. 수박껍질에 나비문양을 붙인다.

2. 샤또나이프를 세워 나비문양을 파준다.

3. 나비문양 완성

4. 당근 채칼로 위에서 아래로 깎아준다.

5. 나비 뒤에 걸어준다.

6. 완성한다.

아보카도&오렌지

1. 아보카도를 준비한다.

2. 꼭지부분을 잘라준다.

3. 아보카도 꼭지를 준비한다.

4. 4개의 꽃잎을 그려준다.

5. 필요없는 부분을 제거한다.

6. 꽃잎모양을 따라 홈을 내어준다.

7. 모두 떼어낸다.

8. 꼬지에 꽃과 체리를 꽂아준다.

9. 오렌지를 준비한다.

10. 오렌지를 절반으로 잘라준다.

11. 양쪽을 잘라준다.

12. 조각도를 사용하여 일자로 당겨준다.

13. 슬라이스 쳐준다.

14. 양쪽을 사선으로 잘라준다.

15. 오렌지를 꼬지에 꽂아준다.

16. 둥근 조각도를 사용하여 라임 껍질을 길게 잘라준다.

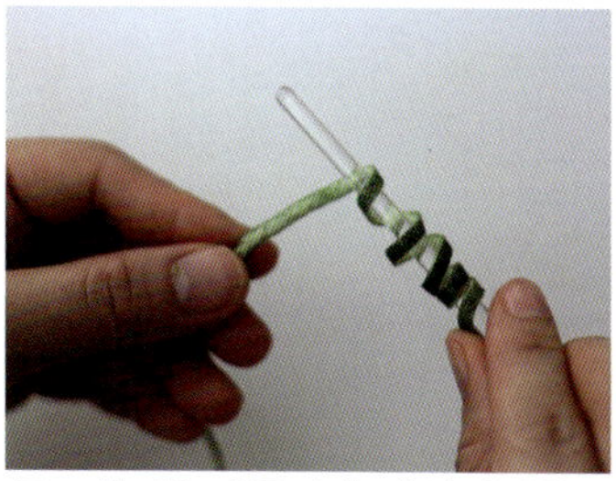

17. 가늘한 머들러에 라임껍질을 꼬아준다.

18. 완성한다.

칵테일
가니쉬

고급

아보카도

1. 아보카도를 준비한다.

2. 절반으로 잘라준다.

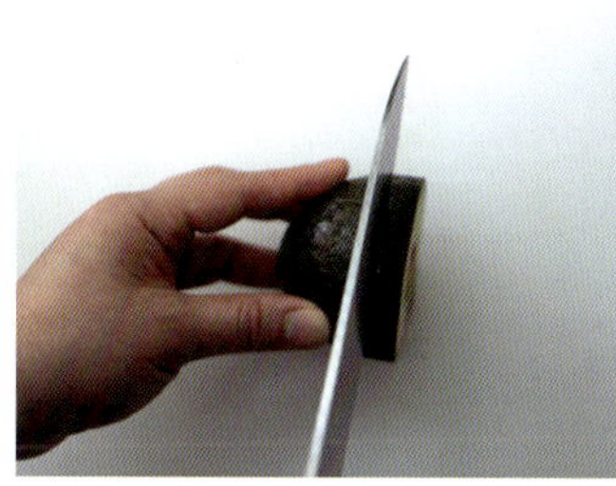

3. 아보카도를 슬라이스한다.

4. 샤토나이프를 사용하여 등분선을 나눠준다.

5. 조각도를 사용하여 등분선을 진하게 그려준다.

6. 등분선이 정중앙에 가도록 삼각형으로 잘라준다.

7. 필요없는 부분을 제거한다.

8. 사진과 같이 브이홈을 내어준다.

9. 브이홈을 빼준다.

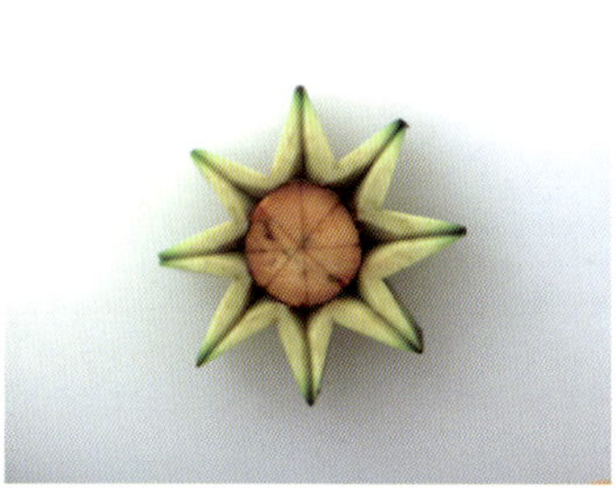

10. 8꽃잎에 모두 브이홈을 빼내어준다.

11. 라임을 준비한다.

12. 라임을 절반으로 잘라준다.

13. 둥근 조각도를 사용하여 라임 껍질을 길게 잘라준다.

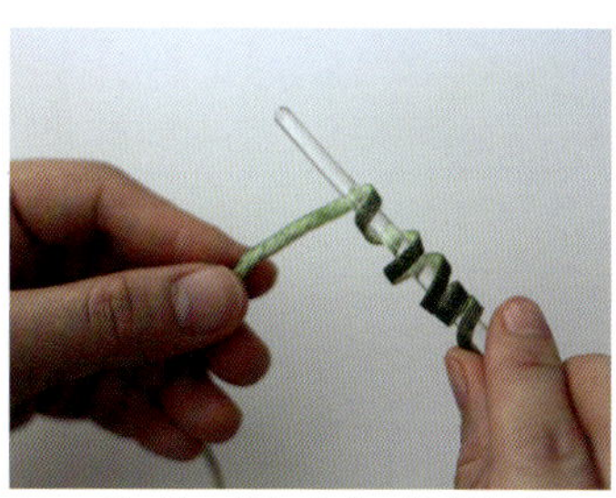

14. 가늘한 머들러에 라임껍질을 꼬아준다.

15. 완성한다.

양구메론1

1. 양구메론을 준비한다.

2. 절반으로 잘라준다.

3. 한번더 절반으로 잘라준다.

4. 한번더 절반으로 잘라준다.

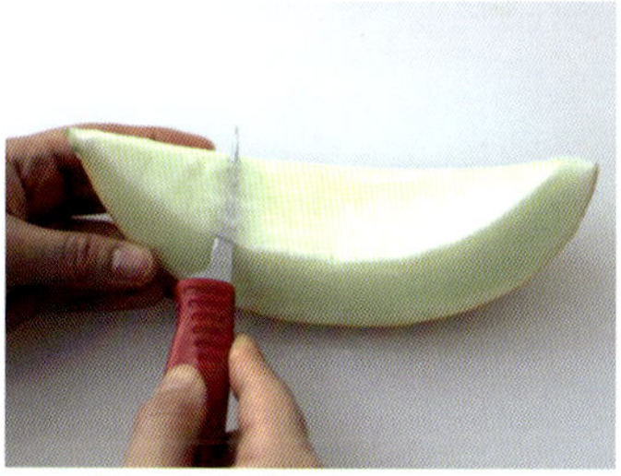

5. 씨를 제거해준다.

6. 절반으로 잘라준다.

7. 사진과 같이 잘라준다.

8. 사진과 같이 선을 넣어준다.

9. 그은 선 아래에 샤토나이프를 넣어 잘라준다.

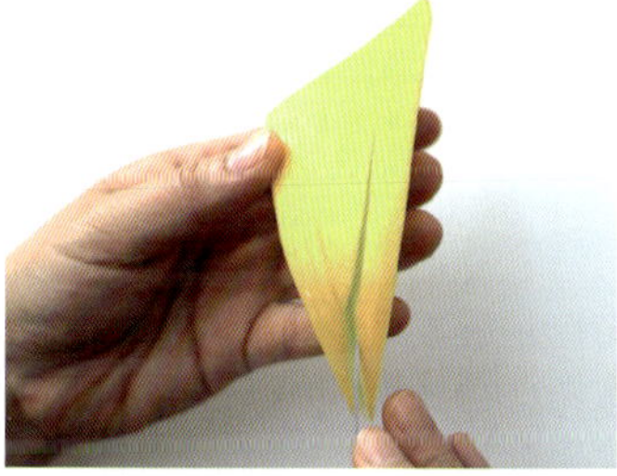

10. 모서리를 샤토나이프를 이용하여 잘라준다.

11. 샤토나이프를 선 아래에 넣어 정리해준다.

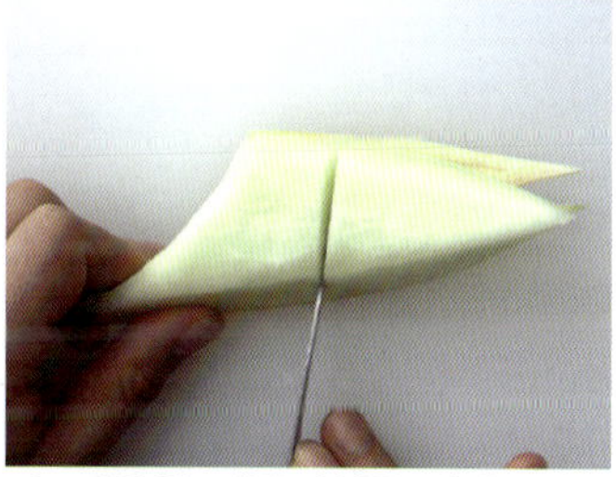

12. 과육을 절반이상을 잘라준다.

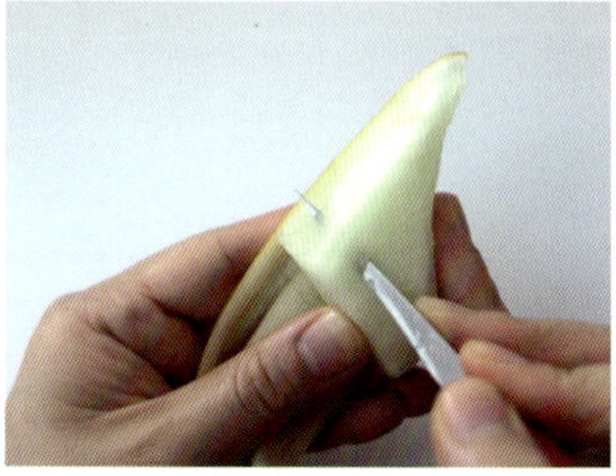

13. 과육의 모서리를 제거한다.

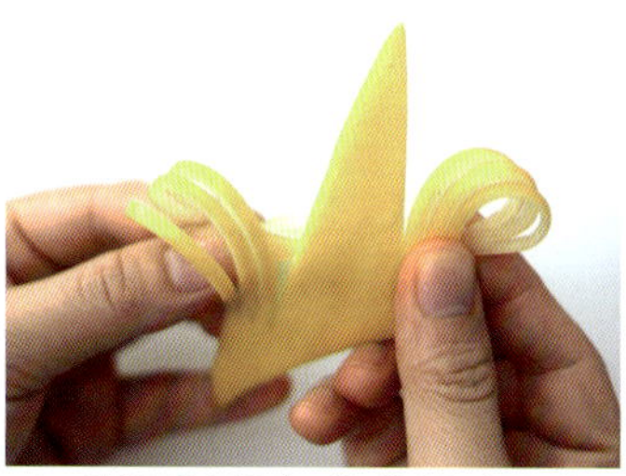

14. 양쪽을 펼쳐 홈에 꽂아준다.

15. 꼬지에 블루베리를 꽂아준다.

16. 꼬지에 체리를 꽂아준다.

17. 사진과 같이 양쪽을 똑같이 만들어준다.

18. 뒷면을 깔끔하도록 만든다.

양구메론2

1. 양구메론을 준비한다.

2. 절반으로 잘라준다.

3. 사진과 같이 자른다.

4. 절반으로 자른다.

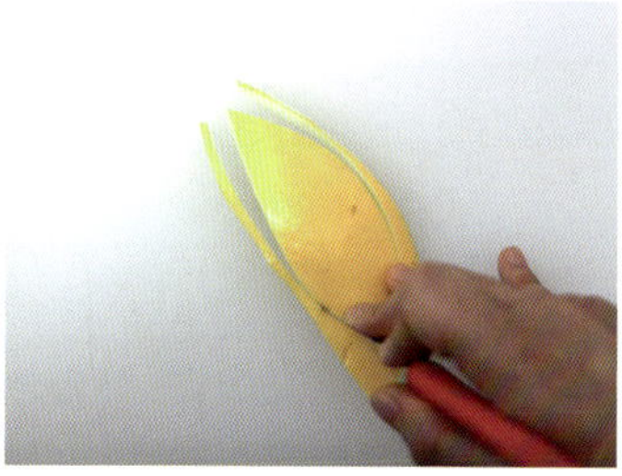

5. 나뭇잎모양으로 자른다.

6. 같은모양을 두개 만들어준다.

7. 사진과 같이 잘라준다.

8. 같은모양을 두개 만들어준다.

9. 샤토나이프로 줄기모양을 그려준다.

10. 줄기를 파내준다.

11. 같은모양을 두개 만들어준다.

12. 꼬지에 꽂아준다.

13. 완성한다.

칵테일
가니쉬

고급

여주

1. 여주를 준비한다.

2. 여주의 끝부분을 잘라준다.

3. 삼각형 모양으로 칼집을 넣어 준다.

4. 삼각형 칼집을 내어 모양내준 다.

5. 여주의 중간부분을 잘라준다.

6. 여주의 안쪽을 샤토나이프로 파내준다.

7. 샤토나이프로 얇게 도려내듯 길게 모양내준다.

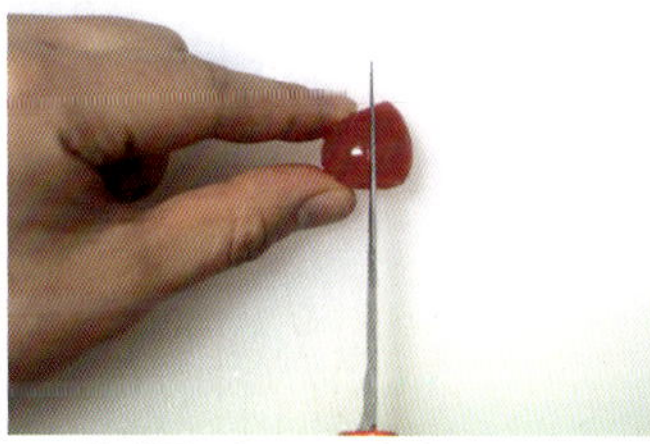

8. 체리를 반으로 잘라준다.

9. 삼각형 칼집을 내어 완성한 여주에 꽂아준다.

10. 완성한다.

칵테일
가니쉬
고급

오렌지1

1. 오렌지를 준비한다.

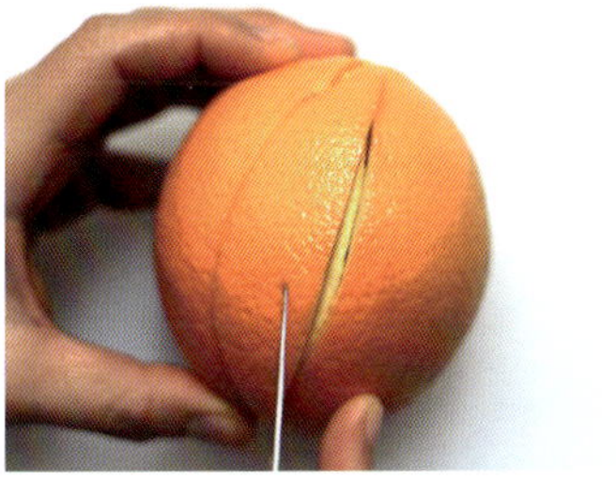

2. 사진과 같이 껍질을 잘라준다.

3. 6개의 껍질을 만들어준다.

4. 끝이 끊기지 않도록 라인을 따라 잘라준다.

5. 6개의 껍질에 반복작업한다.

6. 6개의 꽃잎을 꼬지에 꽂아준다.

7. 꼭지부분에 동그랗게 선을 넣어준다.

8. 껍질을 돌돌 깍아준다.

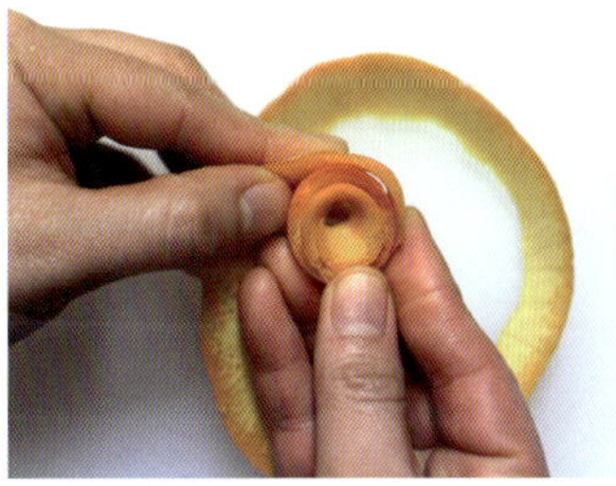

9. 껍질을 돌돌 말아준다.

10. 껍질꽃잎을 꼬지에 꽂아준다.

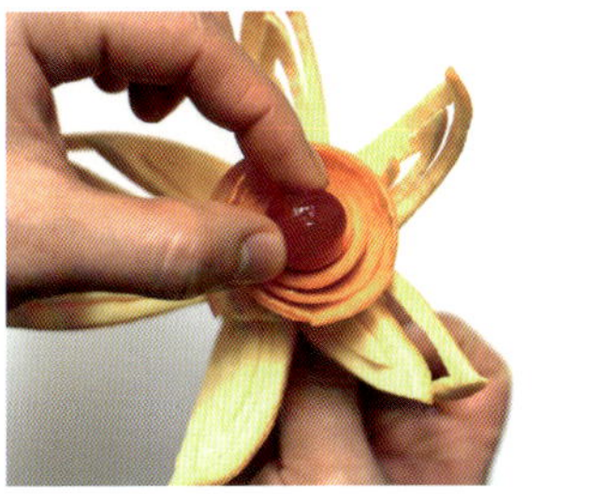

11. 체리를 꼬지에 꽂아준다.

12. 완성한다.

오렌지2

1. 오렌지를 준비한다.

2. 사진과 같이 껍질을 잘라준다.

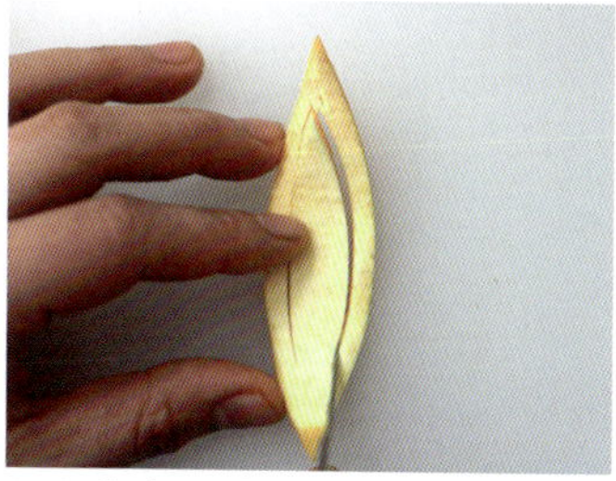

3. 2개의 꽃잎에 라인을 넣어준다.

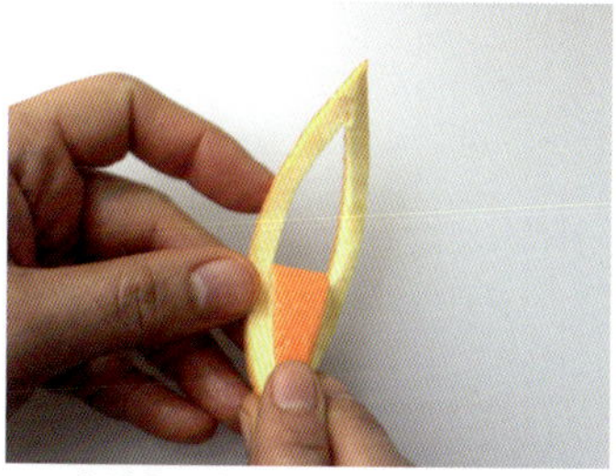

4. 라인을 넣어준 껍질을 인으로 접어준다.

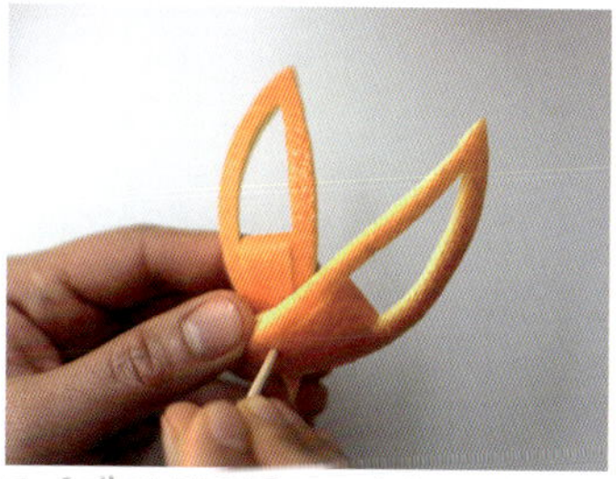

5. 2개의 꽃잎을 꼬지에 꽂아준다.

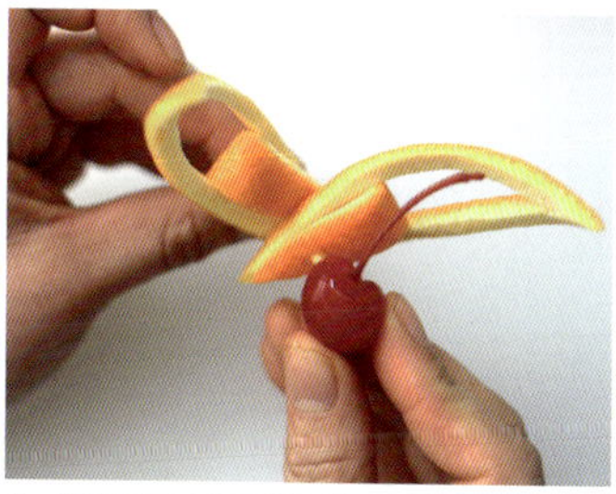

6. 체리를 꼬지에 꽂아준다.

7. 완성한다.

용과

1. 용과를 준비한다.

2. 용과를 절반으로 잘라준다.

3. 한번 더 절반 잘라준다.

4. 또 한번 절반 잘라준다.

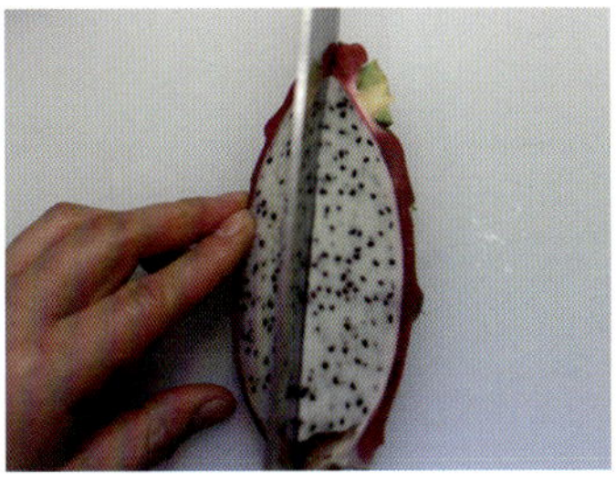

5. 절반으로 잘라준다.

6. 지저분한 껍질부분을 정리해준다.

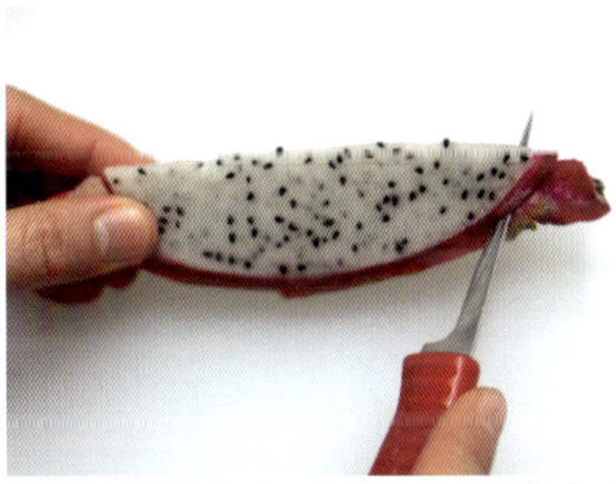

7. 껍질을 반정도 과육과 분리시켜 준다.

8. 과육을 톱니모양으로 잘라준다.

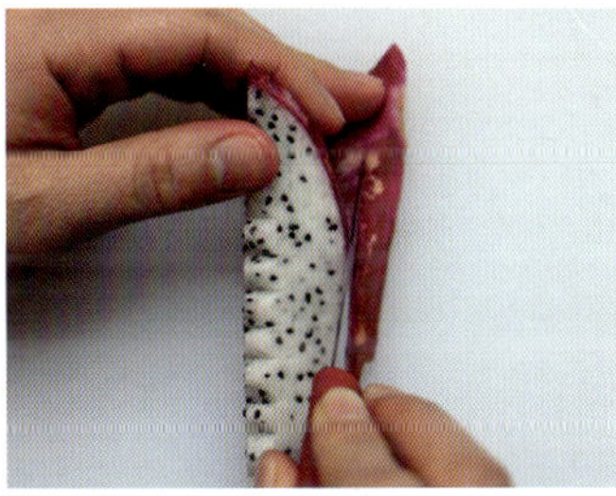

9. 껍질을 사진과 같이 잘라준다.

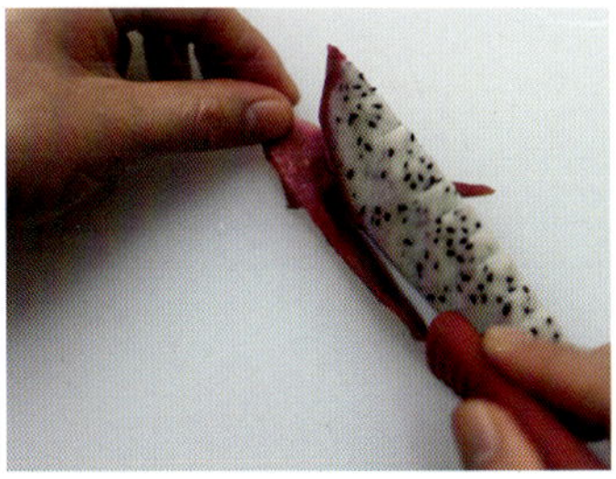

10. 사진과 같이 양쪽을 브이모양으로 잘라준다.

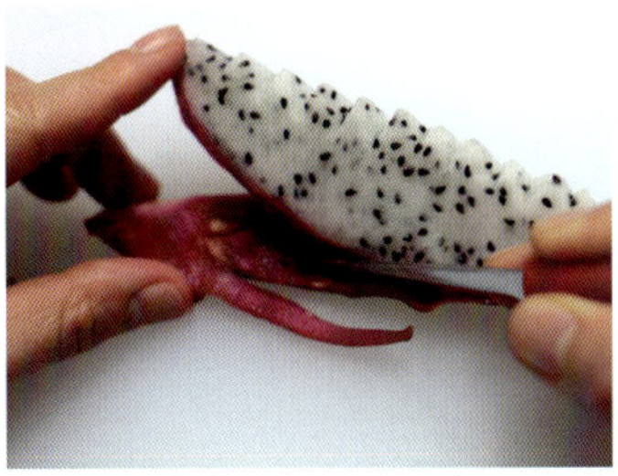

11. 밑에 한층 더 브이모양으로 잘라준다.

12. 용과의 껍질을 뒤로 꺾어준다.

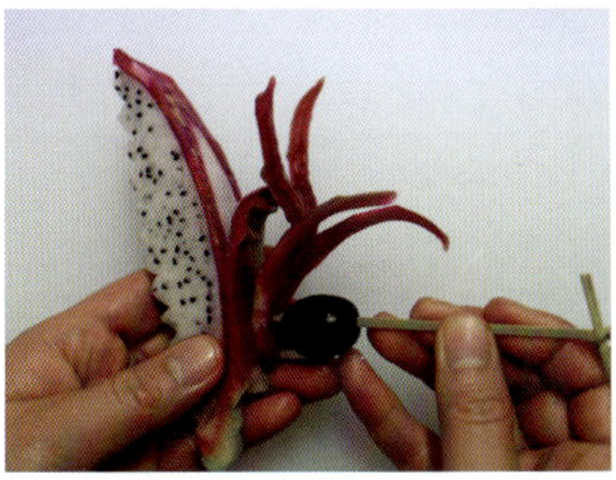

13. 올리브를 대나무꼬지를 이용하여 꽂아준다.

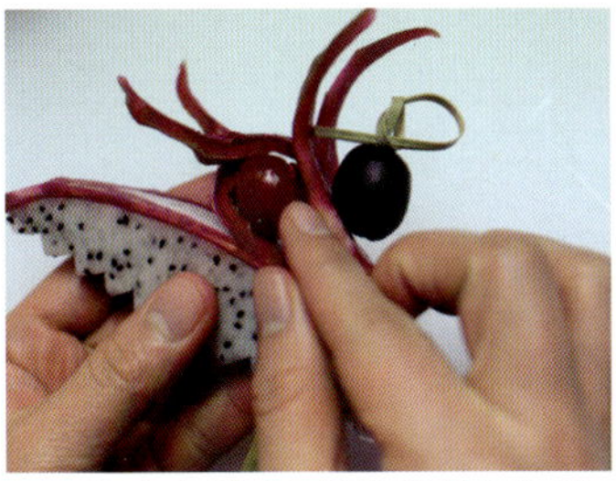

14. 꺾여져 빈 용과껍질부분에 체리를 꽂아준다.

15. 완성한다

참외

1. 참외를 준비한다.

2. 참외를 절반으로 자른다.

3. 참외 절반을 3등분 한다.

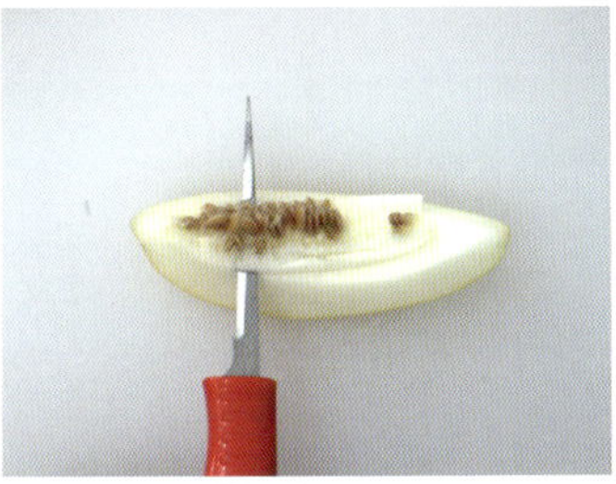
4. 씨를 제거한다.

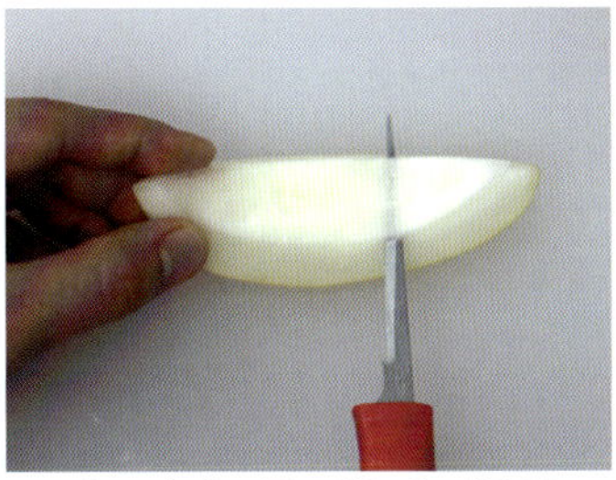
5. 샤또나이프를 이용해 과육을 얇게 포떠준다.

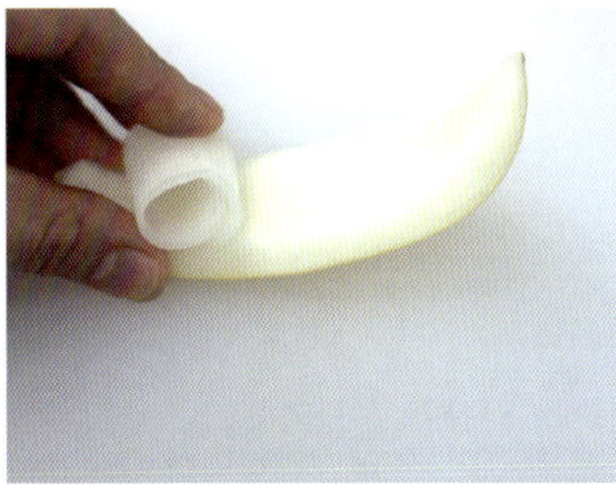
6. 동그랗게 말아준다.

7. 같은 방법으로 세번 말아준다.

8. 꼬지를 이용하여 사진과 같이 꽂아준다.

9. 참외를 준비한다.

10. 사진과 같이 껍질을 잘라준다.

11. 샤토나이프를 이용하여 낙엽모양으로 잘라준다.

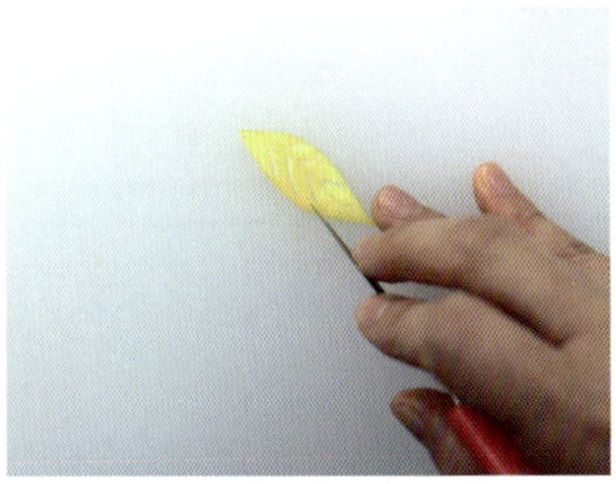
12. 줄기무늬를 만들어준다.

13. 3개의 낙엽을 만들어준다.

14. 홈에 꽂아준다.

15. 완성한다

칵테일
가니쉬

고급

키위

1. 키위 정가운데에 칼을 깊이 넣어 삼각형으로 잘라준다.

2. 두개를 분리시킨다.

3. 껍질과 과육사이에 칼집을 넣어준다.

4. 껍질을 활짝 펴준다.

5. 각도를 이용해 과육부분에 홈을내준다.

6. 체리를 꽂아준다.

7. 둥근 조각도를 사용하여 라임껍질을 길게 잘라준다.

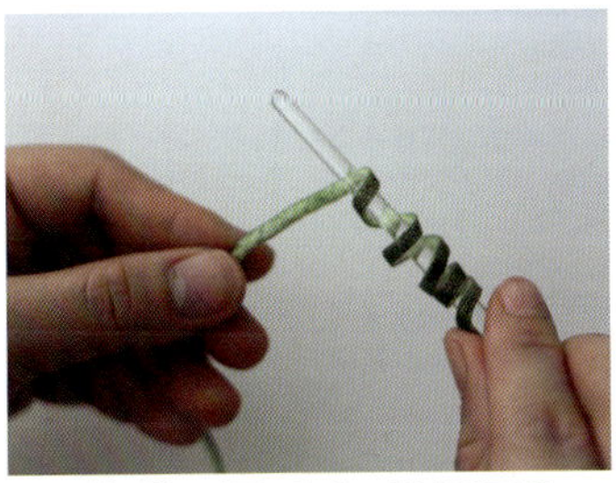

8. 가늘한 머들러에 라임껍질을 꼬아준다.

9. 완성한다.

토마토

1. 토마토를 준비한다.

2. 토마토의 결대로 바람개비라인을 그려준다.

3. 결대로 바람개비라인을 다 그려준다.

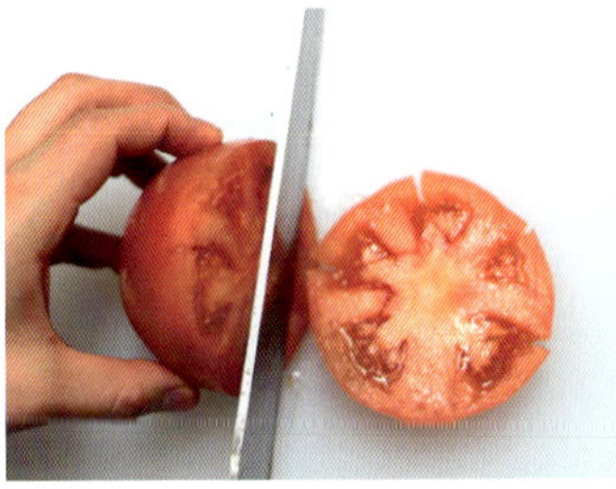

4. 라인 끝선에 맞추어 잘라준다.

5. 필요없는 부분을 제거한다.

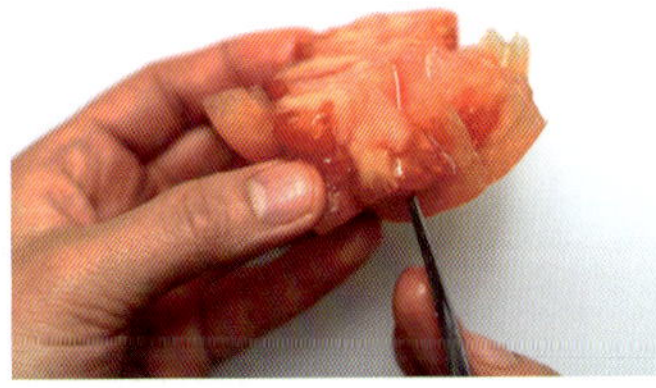

6. 뒤에 과육들을 제거한다.

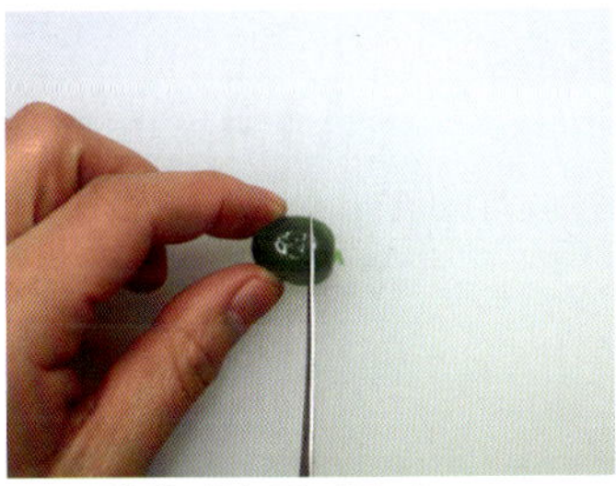

7. 그린체리를 잘라준다.

8. 토마토 중앙에 그린체리를 올려준다.

9. 완성한다.

칵테일 가니쉬

고급

파파야

1. 파파야 꼭지부분을 잘라준다.

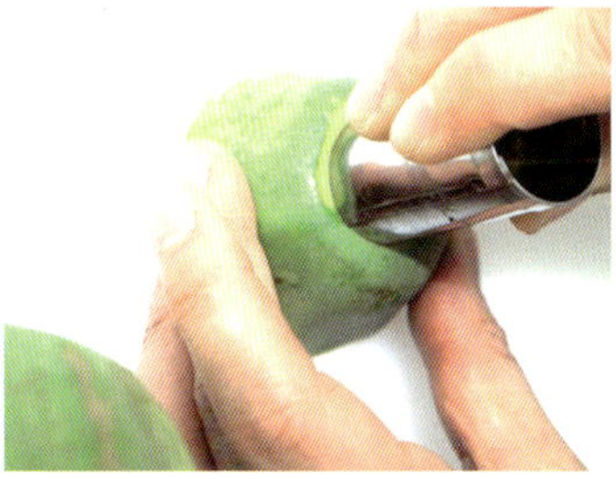
2. 원형커터를 찍어준다.

3. 안쪽라인 테두리를 제거해준다.

4. 센터봉오리라인을 그려준다.

5. 반복하여 그려준다.

6. 바람개비 꽃잎라인을 파내준다.

7. 라인을 파준 테두리부분에 라인을 따라 꽃잎라인을 그려준다.

8. 라인 겉테두리를 제거해준다.

9. 2층을 만들어준다.

10. 완성한다.

파프리카

1. 파프리카를 준비한다.

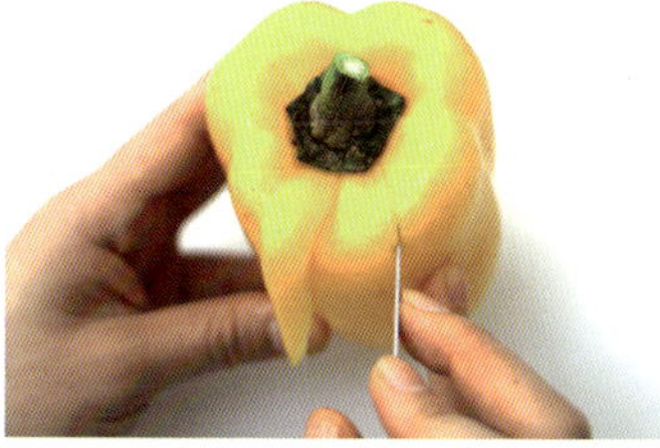

2. 파프리카 결을따라 사진과 같이 잘라준다.

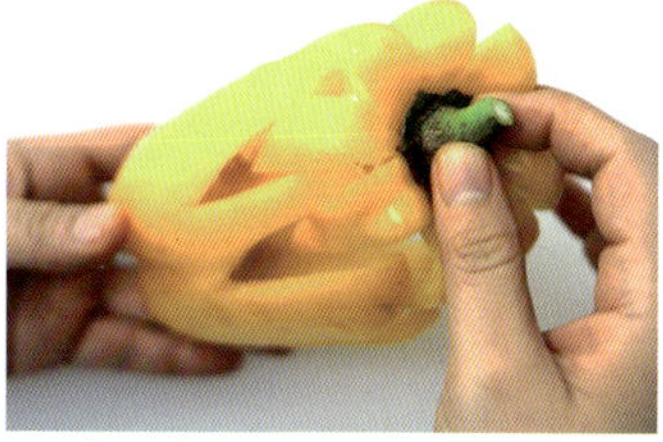

3. 필요없는 부분을 제거한다.

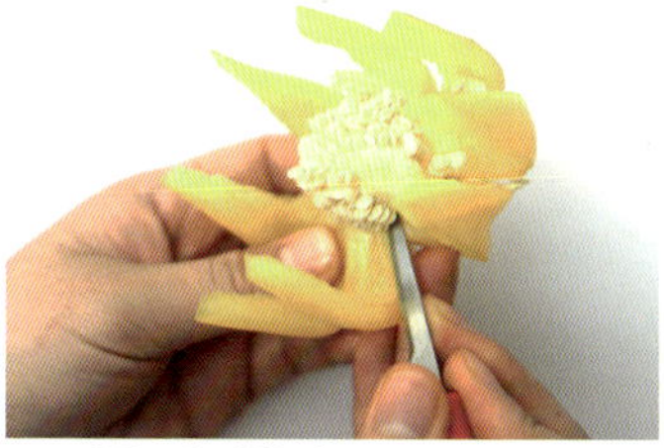

4. 씨를 제거한다

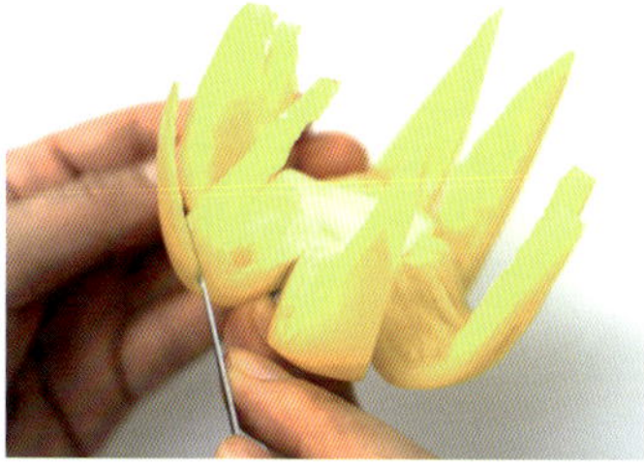

5. 껍질과 과육을 분리시켜순다.

6. 꼭지를 떼어낸다.

7. 꼬지에 포도를 꽂는다.

8. +모양이 되도록 꼬지를 꽂아준다.

9. 꼬지를 뒤로 말아 꽂아준다.

10. 4개를 꽂아준다.

11. 둥근칼로 레몬을 깎아준다.

12. 완성한다.

칵테일 가니쉬 고급

호박1

1. 주키니호박을 준비한다.

2. 끝부분을 잘라낸다.

3. 슬라이스 해준다.

4. 샤토나이프로 8등분 해준다.

5. 샤토나이프를 눕혀 굴곡을 내 준다.

6. 끝부분 모서리를 제거해준다.

7. 라인을 따라 잘라낸다.

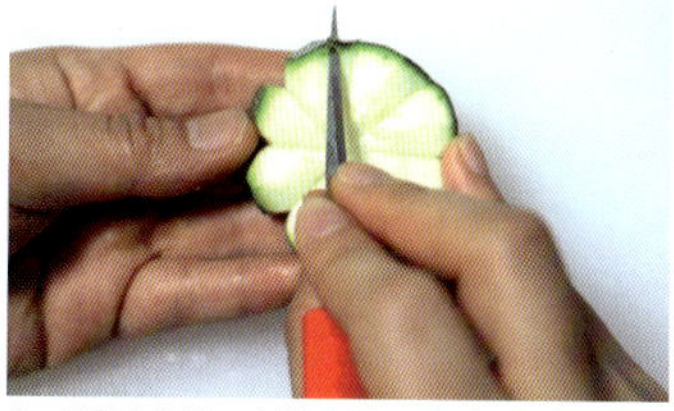
8. 필요없는 부분을 잘라낸다.

9. 완성한다.

10. 주키니호박을 잘라준다.

11. 껍질을 돌려깎는다.

12. 나뭇잎 모양으로 자른다.

13. 줄기를 긋는다.

14. 라인을 따라 잘라낸다.

15. 나뭇잎 완성

16. 체리를 호박꽃에 꼬지를 이용해 꽂아준다.

17. 호박꽃과 나뭇잎을 꼬지에 꽂아준다.

18. 그 위에 체리를 꽂아 완성한다.

호박2

1. 호박을 잘라준다.

2. 6등분으로 나눠준다.

3. 양쪽모서리를 제거해준다.

4. 잎 중앙부분을 다이아몬드모양으로 파내준다.

5. 중앙부분을 둥글게 파내준다.

6. 잎을 분리시켜준다.

7. 호박꽃을 뒤집어 3분가량 물에 담가둔다.

8. 둥글게 파준 부분에 체리를 꽂아준다.

9. 완성한다.

호박3

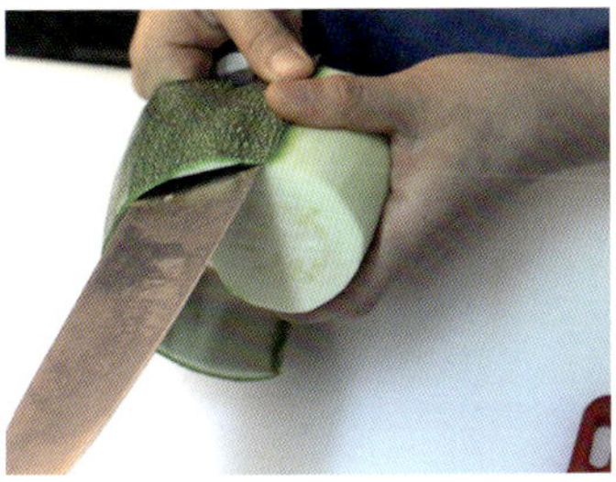

1. 호박의 껍질을 깎아준다.

2. 절반으로 잘라준다.

3. 나뭇잎모양으로 잘라준다.

4. 또 하나의 나뭇잎을 만들어순 다.

5. 줄기를 그려준다.

6. 테두리를 제거해준다.

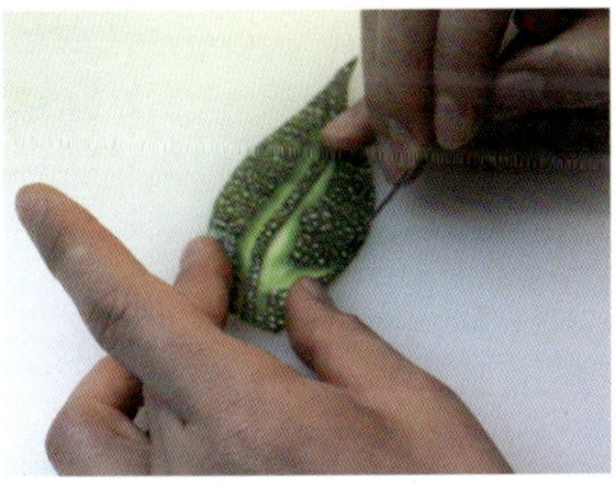

7. 잎몸라인을 그려준다.

8. 테두리라인을 제거해준다.

9. 다른나뭇잎도 이와같이 만들어 준다.

10. 완성한다.

호박4

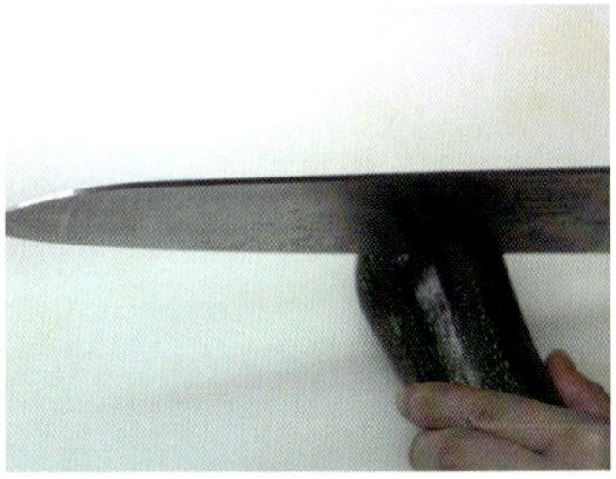

1. 호박 밑둥을 잘라준다.

2. 8등분으로 분할한다.

3. 샤토나이프를 세워 꽃잎라인을 그려준다.

4. 꽃잎라인 겉부분을 제거해준다.

5. 꽃잎 중앙에 다이아몬드모양을 파준다.

6. 각 진 모서리를 정리한다.

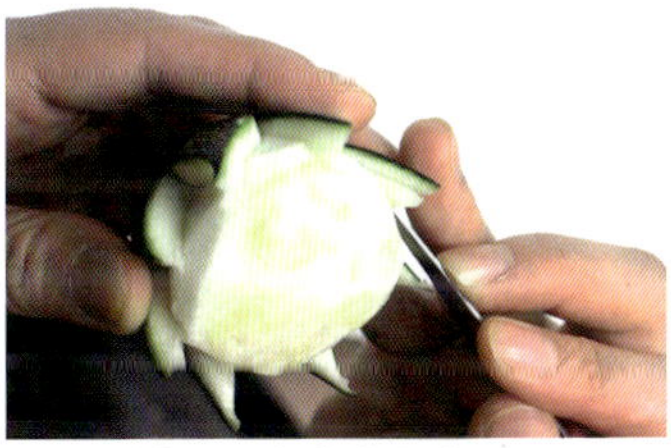

7. 꽃잎을 분리시켜준다.

8. 중앙을 둥글게 파내준다.

9. 곡선을 그려준다.

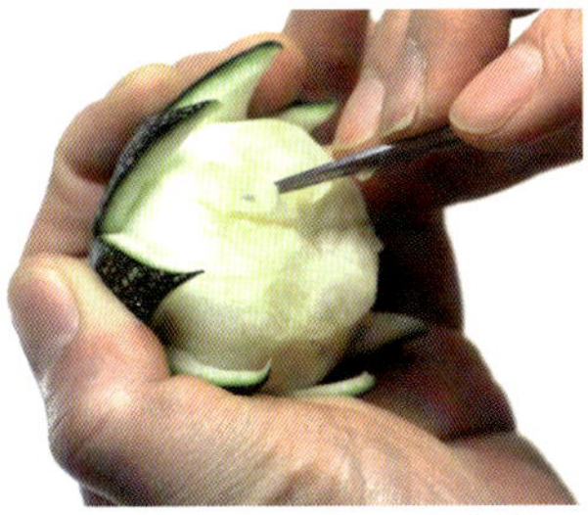

10. 라인 안쪽 테두리를 제거해준다.

11. 물에 3분가량 담궈둔다.

12. 체리를 반으로 잘라준다.

13. 둥글게 파낸 중앙에 체리를 넣어준다.

Cocktail

PART 5

Cocktail Garnish Master

칵테일 가니쉬 자격검정 필기시험

제 12장 칵테일 가니쉬 실무

제 13장 칵테일 가니쉬 재료학

제 14장 식품위생학

제 12장 칵테일 가니쉬 실무

1. 카빙 스킬을 높일 수 있는 방법으로 가장 적절한 것은?
① 각종 대회에 참가한다
② 동영상 강의를 시청한다
③ 작품 사진을 수집한다
④ 샤토나이프를 매일 갈아준다

2. 오렌지, 메론 등의 과일을 카빙 할 때 껍질을 고정시키는 용도로 사용될 수 있고, 여러 가지 과일을 활용하여 다양한 색감으로 화려하게 연출할 수 있는 것은 ?
① 린넨
② 식칼
③ 꼬지
④ 스쿱

3. 식재료로 음식이나 음료를 보기 좋게 장식하는 것이라는 사전적인 의미를 나타내는 말은 ?
① 칵테일(Cocktail)
② 가니쉬(garnish)
③ 카빙(carving)
④ 플레이팅(plating)

4. KCDA 칵테일 가니쉬 자격증에 관한 설명으로 바르지 못한 것은?
① 한국직업능력개발원에 정식 등록된 민간자격증이다.
② 1급과 마스터는 응시연령에 제한이 없다.
③ 필기시험 합격기준은 1급 60점, 마스터 70점, 강사 80점이다.
④ 국가공인 자격증이다.

5. 과일 세척 및 손질에 대한 설명으로 바르지 못한 것은?
① 망고는 가운데의 길고 얇은 씨앗을 중심으로 3등분하여 씨앗을 제거한다.
② 사과, 배, 감, 참외는 물에 1분 정도 담갔다가 흐르는 물에 씻는다.
③ 오렌지, 자몽, 레몬, 귤은 세척과정이 필요하지 않다.
④ 바나나는 껍질이 튼튼하여 그릇처럼 이용가능하다.

6. 과일의 갈변방지 방법으로 옳은 것은?
① 소금물에 담근다.
② 망고즙에 담근다.
③ 사이다에 담근다.
④ 설탕을 뿌려준다.

7. 오렌지의 맛있는 온도는?
① 4-5℃
② 5℃
③ 8-10℃
④ 12-13℃

8. 샤토나이프의 역할로 옳은 것은 ?
① 날이 얇고 끝이 뾰족하여 섬세한 작업을 하기 좋다.
② 곡선이나 뾰족한 모양을 만들 때 이용한다.
③ 돌려가며 구슬 모양으로 떠낼 수 있다.
④ 다양한 모양으로 찍어 모양을 낼 수 있다.

9. 질긴 섬유질이 없고 부드러우면서도 잘 으스러지지 않는 과일을 돌려가며 구슬 모양으로 떠낼 수 있는 도구는 ?
① 조각도
② 린넨
③ 샤토나이프
④ 스쿱(scoop)

10. 위스키를 스트레이트로 마실 때 사용하는 글라스 잔은?
① 샷 글라스
② 올드 패션 글라스
③ 리큐어 글라스
④ 마티니 글라스

11. 마르가리타 글라스의 설명으로 옳은 것

은?
① 소금을 입히거나 프로즌(Frozen)스타일의 칵테일에 주로 사용한다.
② 탄산이 들어가는 칵테일에 주로 사용한다.
③ 입구가 좁고 몸통이 굵다.
④ 위스키를 스트레이트로 마실 때 사용한다.

12. 칵테일 가니쉬의 기능으로 알맞지 않은 것은?
① 시각적인 즐거움
② 식재료 단가 조절 가능
③ 돋보이게 아름답게 장식
④ 고객의 욕구 충족

13. 껍질 채로 반을 갈라 숟가락으로 떠먹을 수 있는 과일은?
① 참외
② 사과
③ 복숭아
④ 키위

14. 과일이나 야채를 원형으로 깎을 때 사용되는 스쿱을 다른 말로 표현한다면?
① 애플코러
② 샤토나이프
③ 볼커터(Ball Cutter)
④ 오아시스나이프

15. 겉 표면에 주름이 고르게 있어야 하며, 짙은 붉은색을 띄어야 신선한 식재료는?
① 무
② 연근
③ 대추
④ 감자

16. 샤토나이프의 날이 무뎌졌을 때 해결방법으로 가장 적절한 것은?
① 야슬이로 갈아준다.
② 전용사포로 갈고 스펀지로 마무리한다.
③ 소금물로 깨끗하게 닦아준다.
④ 숫돌로 갈아준다.

17. 칵테일 가니쉬 자격증에 대한 설명으로 바르지 않은 것은?
① 1급, 마스터, 강사 로 나뉜다.
② 강사 시험은 누구나 응시가능하다.
③ 필기시험은 실무, 재료학, 식품위생학이 나뉘어 출제된다.
④ 마스터 시험은 1시간 동안 2작품을 완성해야 한다.

18. 칵테일 가니쉬 자격증 과정 중 과정평가로 진행되는 자격증 과정은?
① 마스터
② 강사
③ 1급과 마스터
④ 1급

19. 레몬껍질, 라임껍질 등을 꼬아줄 때 쓰는 도구는?
① 머들러
② 샤토나이프
③ 꼬지
④ 커터

20. 식용색소를 이용하여 염색할 수 있는 식재료는?
① 당근
② 홍고추
③ 무
④ 청경채

21. 껍질을 벗기는 도구로, 주방조리기구의 하나이며 감자, 기타야채 및 과일을 물로 씻으면서 단시간에 효율적으로 껍질을 벗기는 도구는?
① 둥근칼
② 각도
③ 샤토나이프
④ 감자칼

22. 칵테일 가니쉬 실력을 향상시킬 수 있는 방법으로 옳지 않은 것은?
① 주변의 사람들을 가르친다.
② 일주일에 2번씩 꾸준히 연습한다.
③ 시장에 가서 직접 재료를 구매한다.

④ 동영상이나 사진을 수집한다.

23. 칵테일 가니쉬 드로잉 할 때 2번째 꽃잎을 1번째 꽃잎의 5부에서 시작하면 나타나는 현상은?
① 꽃잎의 크기가 동일하게 진행된다.
② 꽃잎의 크기가 점점 작아진다.
③ 꽃잎이 점점 커져 자연스러운 모양이 된다.
④ 꽃잎 시작점은 어디든 상관없다.

24. 칵테일 가니쉬 할 때 당근의 장점이 아닌 것은?
① 명암이 확실하게 드러난다.
② 저렴한 가격에 연습을 할 수 있다.
③ 보관이 편리하다.
④ 국내산이 중국산보다 카빙이 편리하다.

25. 드로잉(drawing)의 중요성으로 맞지 않은 것은?
① 칵테일 가니쉬 시간을 단축시킬 수 있다.
② 보다 정확한 모양을 잡을 수 있다.
③ 재료에 색을 넣을 수 있다.
④ 샤토나이프를 잡는 방법을 숙달시킬 수 있다.

26. 조각도 중 각도의 역할은?
① 야채에 밑그림을 그린다.
② 야채의 껍질을 벗긴다.
③ 둥근모양을 낸다.
④ 야채를 자를 때 사용한다.

27. 과일의 영양소에 관한 설명으로 옳지 않은 것은?
① 제철에 재배한 과일을 먹는다.
② 혈당을 급격하게 높이므로 먹지 않는 것이 좋다.
③ 비닐하우스에서 재배한 과일은 자연산 과일 보다 영양소 함량이 더 많다.
④ 체내의 불순물을 배출한다.

28. 칵테일 가니쉬에 대한 설명으로 맞지 않는 것은?
① 사람들에게 시각적으로 큰 기쁨을 줄 수 있다.
② 먹는 재료에 대한 가치를 높일 수 있다.
③ 전문 바텐더의 가치를 높일 수 있다.
④ 시각적인 기쁨으로 인해 음료의 양을 늘릴 수 있다.

29. 칵테일 가니쉬에 사용하는 가장 기본이 되는 도구는?
① 샤토나이프
② 꼬지
③ 감자칼
④ 둥근칼

30. 파인애플심이나 사과, 배 등의 씨 부분을 제거하는 도구는?
① 꼬지
② 식칼
③ 원형커터
④ 둥근칼

31. 비 알코올 칵테일, 과일주스 등에 많이 사용하는 글라스 종류는?
① 하이볼 글라스
② 샴페인 글라스
③ 허리케인 글라스
④ 마티니 글라스

32. 파인애플을 이용한 칵테일 가니쉬를 할 때 신경 쓰지 않아도 되는 것은?
① 무르지 않고 단단한 것인지 확인한다.
② 원산지를 확인한다.
③ 샤토나이프를 날카롭게 갈아서 파인애플 속살이 으깨지지 않게 카빙한다.
④ 파인애플 꼭지가 신선한지 확인한다.

33. 찬물에 오래 담가두면 형태가 바뀌는 재료가 아닌 것은?
① 쥬키니 호박
② 오이
③ 당근
④ 양파

34. 칵테일 가니쉬를 처음 시작할 때 가장 중요하고 기초가 되는 것은?
① 돌려깎기
② 드로잉
③ 카빙
④ 카빙도구

35. 칵테일 가니쉬 도구로 적당하지 않은 것은?
① 순간접착제
② 샤토나이프
③ 린넨
④ 꼬지

36. 칵테일 가니쉬의 색채를 표현할 때 녹색을 표현하기에 적절하지 않은 재료는?
① 당근
② 수박
③ 파슬리
④ 오이

37. 칵테일 가니쉬를 할 때 중요도가 낮은 것은?
① 새로운 아이디어
② 음식과 접시의 조화
③ 행사의 주제
④ 야채, 과일의 저장 온도

38. 칵테일 가니쉬를 하기 위해 샤토나이프를 잡는 방법으로 맞는 것은?
① 엄지와 중지를 이용하여 칼날을 고정시켜준다.
② 약지와 소지를 이용하여 칼날을 고정시킨다.
③ 검지를 이용하여 재료와 칼 사이를 고정시켜준다.
④ 엄지와 약지를 이용하여 칼날을 고정시킨다.

39. 칵테일 가니쉬의 색채를 표현할 때 붉은색을 표현하기에 적절하지 않은 재료는?
① 토마토
② 단호박
③ 수박
④ 홍고추

40. 칵테일 가니쉬의 역할이 아닌 것은?
① 식음료의 신선함을 유지시켜주는 역할을 한다.
② 고객의 눈을 즐겁게 해준다.
③ 고객이 식음료 경험에 대한 긍정적인 구전을 하도록 만든다.
④ 고객이 식음료 경험을 긍정적으로 평가하도록 한다.

41. 칵테일 가니쉬를 필요한 재료를 선정하는 방법으로 가장 적절한 것은?
① 직접 시장에 가서 재료를 보고 구입한다.
② 가까운 마트에 가서 구입한다.
③ 인터넷으로 주문한다.
④ 농사를 짓는다.

42. 식칼의 역할로 맞지 않는 것은?
① 식음료 잔을 깨끗이 닦는다.
② 큰 과일 자를 때 이용한다.
③ 껍질을 깎을 때 이용한다.
④ 사과 돌려깎기를 한다.

43. 칵테일 가니쉬 글라스 종류가 아닌 것은?
① 샷 글라스(Shot Glass)
② 코디얼 글라스(Cordial Glass)
③ 하이볼 글라스(Highball Glass)
④ 비어 글라스(Beer Glass)

44. 데코레이션의 사전적인 의미가 아닌 것은?
① 특별한 행사를 기념하기 위한 장식품
② 단단한 재료를 깎아서 만드는 것
③ 사물의 외면을 아름답게 치장하는 것
④ 무늬 등의 장식

45. 식음료 데코레이션의 기능으로 옳지 않은 것은?
① 식 공간을 목적과 식음료에 맞게 연출 가능하다.

② 시각을 자극하여 음료의 질을 높여준다.
③ 시각적인 즐거움을 준다.
④ 일상생활에서 구하기 어려운 재료를 사용한다.

46. 식음료 잔들을 깨끗이 닦는 용도로 쓰이는 도구는?
① 샤토나이프
② 린넨
③ 커터
④ 식칼

47. 칵테일 가니쉬의 기능으로 알맞지 않은 것은?
① 음료의 질을 높임
② 식재료 단가 조절
③ 계절감 표현
④ 입체감 표현

48. 기초적인 꽃잎의 입체감을 표현하는데 사용되는 도구는 ?
① 각도
② 둥근칼
③ 샤토나이프
④ 꼬지

49. 각도의 설명으로 바르지 못한 것은?
① 가니쉬를 할 때 야채나 과일에 밑그림을 그린다.
② 가니쉬의 화려한 표현, 기초적인 작업
③ 샤토나이프 보다 많이 사용되는 조각도이다.
④ 과육에 홈을 내준다.

50. 재료를 잘라낼 때 , 세밀한 작업을 할 때 사용되는 샤토나이프를 잡는 방법은?
① 엄지와 중지를 이용하여 고정
② 검지를 이용하여 엄지와 중지 보조
③ 약지와 소지를 이용하여 카빙재료와 칼사이를 고정
④ 약지와 검지를 이용하여 고정

◒ 정답

1. ①	14. ③	27. ②	40. ①
2. ③	15. ③	28. ④	41. ①
3. ②	16. ②	29. ①	42. ①
4. ④	17. ②	30. ③	43. ④
5. ③	18. ④	31. ①	44. ②
6. ①	19. ①	32. ②	45. ④
7. ②	20. ③	33. ④	46. ②
8. ①	21. ④	34. ②	47. ②
9. ④	22. ①	35. ①	48. ②
10. ①	23. ①	36. ①	49. ③
11. ①	24. ④	37. ④	50. ②
12. ②	25. ③	38. ①	
13. ④	26. ①	39. ②	

제 14장 칵테일 가니쉬 식품 재료학

1. 주로 주석산, 사과산의 유기산이 약 1% 정도 함유되어 있고 과피의 색소는 안토시아닌계 색소에서 기인한다. 껍질에 탄닌을 함유하고 있고, 펙틴질과 검(gum)질이 들어 있어 좋은 젤리를 만들 수 있는 이것은 무엇인가?
① 딸기
② 무화과
③ 포도
④ 사과

2. 식품의 성분은 일반성분과 특수성분으로 나눈다. 다음 중 특수성분은?
① 탄수화물
② 향기성분
③ 단백질
④ 무기실

3. 식물성 식품과 에스테르 냄새 성분의 연결이 바르지 않은 것은?
① 복숭아 - Ethyl formate
② 파인애플 - Ethyl acetate
③ 양파 - Propanol
④ 샐러리 - Sedanolide

4. 채소류는 어떠한 영양소의 급원인가?
① 단백질, 지방
② 탄수화물, 단백질
③ 지방, 비타민
④ 비타민, 무기질

5. 메론의 저장조건 중 알맞은 것은?
① 0~2.2℃ 습도 65%
② 1~5℃ 햇볕이 잘 드는 곳
③ 4.4~10℃ 습도 85%
④ 1~5℃ 습하고 그늘진 곳

6. 다음 중 메꽃과에 속하는 다년생 식물로서, 영양분을 저장하기 위하여 특수한 형태로 비대해진 저장뿌리는?
① 감자
② 고구마
③ 얍
④ 토란

7. 카빙을 하기 위해 당근을 구매할 때 잘못된 것은?
① 국산 당근을 구매한다.
② 중국산 당근을 구매 한다
③ 만들고자 하는 종류와 맞는 사이즈를 구매 한다
④ 대형 용을 만들 때 당근은 3L로 구매하는 것이 적절하다.

8. 아보카도에 대한 설명이다 맞지 않는 것은?
① 악어배 라고도 한다.
② 종자가 1개씩 들어 있으며 매우 작다
③ 소스를 만들거나 샐러드 등의 요리재료로 쓰인다.
④ 가장 영양가가 높은 과일로 알려져 있다.

9. 수박껍질의 어는점은?
① 0℃
② 0.8℃
③ 1.8℃
④ 2.8℃

10. 좋은 감자류를 구입하는 방법이 아닌 것은?
① 좋은 감자는 껍질의 색이 흰것이 좋다.
② 좋은 감자는 발아되지 않아야 한다.
③ 좋은 감자는 굵고 상처가 없어야 한다.
④ 좋은 감자는 덥고 습기가 많은 곳에서 나온 것이 좋다.

11. 무는 어떤 성분 때문에 매운맛이 나는가?
① 옥시데이즈
② 이소티오시아네이트

③ 인터빈
④ 세라놀리드

12. 당류 중 환원당이 0.9%, 자당이 5.7%, 다당류가 18.7%이나 저장 중에는 환원당이 크게 증가하고 다당류는 크게 감소하는 반면 덱스트린의 생성량이 증가하여 단맛이 더 좋고 부드러운 상태로 변하는 것은?
① 감자
② 토란
③ 고구마
④ 얌

13. 같은 그루에서 매년 수확할 수 있으나, 점차 열매가 작아지고 또 계속하여 같은 밭을 쓰게 되며, 재배종은 원예적으로 육성된 것은?
① 딸기
② 방울토마토
③ 체리
④ 살구

14. 폴리페놀 화합물인 클로로젠산 (chlorogenic acid) 등이 함유되어 있어 공기 중에 노출되면 갈변되고 갈변을 방지 하려면 묽은 식초에 담그거나 소금물에 담그면 되는 것은?
① 무
② 연근
③ 우엉
④ 당근

15. 다음에서 설명하는 카빙의 색채와 연상에 대해 맞는 것을 고르시오.
[흥분의 강도는 빨강색보다 약하며, 쾌활함을 연상시키고, 노란색이 더해지면 상업적인 공간에서 행복감을 주는 색이 된다. 친근함, 건강, 신선함, 적극, 에너지를 연상할 수 있으며 야채카빙의 재료로는 오렌지, 망고, 살구, 복숭아, 당근, 늙은 호박, 귤, 감을 예로 들 수 있다.]
① 녹색
② 주황
③ 노랑
④ 보라

16. 다음은 카빙의 재료 중 무엇에 관한 설명인지 고르시오.
[수박카빙형태와 마찬가지의 카빙에 많이 사용한다. 수박처럼 3가지색을 가지고 있지는 않지만, 은은한 연두색 살에 카빙을 해두면 신비스러운 느낌을 준다. 온도는 4.4℃-10℃, 습도는 85%에서 10-14일 정도 보관이 가능하다.]
① 고구마
② 생강
③ 멜론
④ 단호박

17. 고구마의 보관방법에 대한 설명으로 적절하지 않는 것은?
① 9℃이하에서 냉해를 입기 쉽다.
② 18℃이상이면 싹이 발아 된다
③ 2-15℃에서 보관해야한다.
④ 저장습도는 50-60%가 적당하다

18. 갈변이 심하며 부재료도 많이 사용하는 것은?
① 연근
② 무
③ 파슬리
④ 고추

19. 국내산 당근으로 카빙한 작품은 찬물에 담가 냉장고에 보관하면 얼마동안 보관가능한가?
① 2-3일
② 1주일
③ 15일
④ 1개월

20. 메론의 저장조건 중 알맞은 것은?
① 0~2.2℃ 습도 65%
② 1~5℃ 햇볕이 잘 드는 곳
③ 4.4~10℃ 습도 85%
④ 1~5℃ 습하고 그늘진 곳

21. 마늘에 함유된 황화합물로 특유의 냄새를 가지는 성분은?
① 알리신
② 디메틸설파이스
③ 머스타드 오일
④ 캡사이신

22. 색소고정에 이용되는 무기질은?
① Mg
② Fe
③ Mn
④ Cu

23. 고구마에 대한 설명으로 적절하지 않는 것은?
① 갈변이 심하다.
② 카빙을 할 때 엷은 소금물로 자주 씻어주어야 한다.
③ 명암이 뚜렷하게 드러난다.
④ 여름에 수확한다.

24. 카빙 작품의 보이지 말아야 할 부분을 효과적으로 숨길 수 있도록 하는 재료는?
① 생상
② 연근
③ 파슬리
④ 홍고추

25. 우리나라 전국에서 재배 가능하며, 수분 함량이 많고 당도가 높으며 과피가 얇고 육질이 단단하며 연한 것이 좋다. 이것은 무엇인가?
① 사과
② 감
③ 귤
④ 배

26. 껍질을 그대로 사용하여 연근처럼 자연스러운 바위형태로 사용 할 수 있는 야채는?
① 당근
② 무
③ 생강
④ 수박

27. 데코레이션에 사용되는 야채 중 갈변이 되는 재료는?
① 비트
② 연근
③ 생강
④ 오이

28. 토마토에 대한 설명으로 적절하지 않는 것은?
① 덜 익은 토마토를 냉장보관하면 붉게 변하지 않는다.
② 착색이 50%이하일 때 상온에서 보관해야 숙성된다.
③ 성숙된 토마토는 상온에서 관리해야한다.
④ 토마토는 접시세팅을 할 때 많이 사용된다.

29. 감자에 비해 당질과 비타민C가 많고 칼로리가 낮다. 삶거나 굽는 것 외에 튀김이나 숙으로도 조리한다. 서양에서는 버터구이, 파이, 프라이 스위트포테이토 등을 만드는 식재료는?
① 고구마
② 돼지감자
③ 옥수수
④ 야콘

30. 오이에 대한 설명으로 적절하지 않는 것은?
① 오이는 동물카빙의 주재료로 많이 사용된다.
② 오이는 접시세팅에서 많이 사용된다.
③ 오이의 냉장보관 온도는 10-13℃이다.
④ 오이의 적당한 저장온도는 5℃이다.

31. 16세기 무렵 이탈리아에서 전파되었으며, 흔히 이용하기 시작한 것은 17세기 이후이다. 한국에 들어온 것은 지봉유설에 '남만시'로 기록하고 있는 것으로 보아 1614년보다 앞선 것으로 추측한다. 스파게티의 페이스트를 만들 때 많이 사용되어지는 것은?
① 자두
② 복숭아
③ 석류

④ 토마토

32. 무의 매운맛 성분은?
① Mustard oil
② Lycopen
③ Capsaicin
④ Zingerone

33. 사과의 갈변을 막기 위해 사용되는 것 중 가장 적절한 것은?
① 레몬즙
② 소금물
③ 설탕물
④ 오렌지주스

34. 단백질은 1% 정도 함유되어 있으며 칼슘은 감자의 약 8배 이상 함유되어 있는 것은?
① 고구마
② 얌
③ 콩
④ 토란

35. 당근의 사이즈가 아닌 것은?
① 1L
② 2L
③ 3L
④ 4L

36. 단호박의 저장온도로 적절한 것은?
① 0~5c°
② 5~10c°
③ 10~15c°
④ 15~20c°

37. 고추의 매운 성분은?
① 캡사이신
② 에틸 아세테이트
③ 유황화합물
④ 아세트알데히드

38. 감기예방과 피로회복, 피부미용 등에도 좋고 지방과 콜레스테롤이 전혀 없어서 성인병에 좋은 것은?
① 오렌지
② 낑깡
③ 밀감
④ 유자

39. 다음 과실류의 식품 감별법으로 옳은 것은?
① 밤 – 과피의 색이 짙고 윤기가 없다
② 참외 – 과피색이 거의 흰색인 것이 좋다
③ 잣 – 색이 노랗고 크기가 일정하지 않다
④ 대추 – 과실이 크고 단단하다

40. 도자라고도 하는데 맛은 달고 시며 성질이 따뜻한 것은?
① 홍옥
② 앵두
③ 살구
④ 복숭아

41. 마늘의 매운맛 성분은?
① 이소티오시안산알릴
② 프로필 메르캅탄
③ 알리신
④ 디알릴 디설파이드

42. 중앙아시아가 원산지로 비교적 한랭지에서 재배되며 그 종류 또한 많고, 우리나라에서는 새로운 개량종들이 많이 재배되고 있고 거의 연중 구매할 수 있는 가장 흔히 먹을 수 있는 과일은?
① 배
② 감
③ 사과
④ 귤

43. 박과의 식물로 열대 및 남아메리카가 원산지이다. 주키니 호박이라 부리며 덩굴이 거의 뻗지 않는 것은?
① 오이
② 애호박
③ 피마자
④ 비트

44. 카빙재료로 무의 장점이 아닌것은?

① 칼이 부드럽게 잘 들어간다.
② 야채들 중 크기가 크다
③ 다양한 작품을 구사할 수 있다.
④ 투명해서 명암이 잘 들어나지 않는다.

45. 진제론(zingerone), 진저올(gingerol), 쇼가올(shogaol)의 매운 맛 성분을 가지고 있는 것은?
① 양파
② 마늘
③ 무
④ 생강

46. 메론의 저장조건 중 알맞은 것은?
① 0~2.2℃ 습도 65%
② 1~5℃ 햇볕이 잘 드는 곳
③ 4.4~10℃ 습도 85%
④ 1~5℃ 습하고 그늘진 곳

47. 차가운 성실의 알칼리성 식품이며 수분이 많고 비타민A와 C가 함유되어 있는 채소는?
① 오이
② 호박
③ 고추
④ 가지

48. 다음 설명이 바르지 않게 연결된 것은?
① 배–연육효소가 들어 있어 고기를 연하게 할 때 갈아서 넣기도 함.
② 모과–사과산 시트르산 등의 유기산이 들어 있어 신맛이 난다.
③ 귤–수확시기에 따라 조생종, 중생종, 만생종으로 나뉜다.
④ 사과–케세틴이 함유되어 있으며, 폐 기능을 강하게 하여 담배연기나 오염물질로 부터 폐를 보호해 준다.

49. 고추의 매운 성분은?
① 캡사이신
② 에틸 아세테이트
③ 유황화합물
④ 아세트알데히드

50. 무는 어떤 성분 때문에 매운맛이 나는가?
① 옥시데이즈
② 이소티오시아네이트
③ 인터빈
④ 세라놀리드

◒ 정답

1. ③	14. ②	27. ②	40. ④
2. ②	15. ②	28. ③	41. ③
3. ③	16. ③	29. ①	42. ③
4. ④	17. ④	30. ①	43. ②
5. ③	18. ①	31. ④	44. ④
6. ②	19. ①	32. ①	45. ④
7. ①	20. ③	33. ④	46. ③
8. ②	21. ①	34. ①	47. ①
9. ③	22. ④	35. ④	48. ③
10. ④	23. ④	36. ③	49. ①
11. ②	24. ③	37. ①	50. ②
12. ③	25. ④	38. ①	
13. ①	26. ③	39. ④	

제 15장 식품위생학

1. 한 조리사가 생선을 손질한 후 바로 샌드위치를 자르는 일을 했다. 이 조리사는 무엇을 잘못하였는가?
① 생선을 다룬 후 손을 씻고 새로운 장갑을 착용한 후 즉시 먹을 수 있는 음식을 다루어야 하는데 그렇지 못했다.
② 샌드위치를 자리기 위해 장갑을 끼기 전에 손을 닦지 않았다.
③ 빵을 다루기 전에 장갑을 세척하고 위생처리 하지 않았다.
④ 다시 사용가능한 장갑을 착용하지 않았다.

2. 역성비누의 용도로 가장 알맞은 것은?
① 음료수 소독
② 채소, 과일세척
③ 조리기구의 소독
④ 육류세척

3. 식기소독에 가장 적당한 가열 방법은 ?
① 60℃ 물에서 30분
② 100℃ 물에서 30분
③ 100℃ 공기 중에서 30분
④ 120℃ 공기 중에서 30분

4. HACCP의 의무적용 대상 식품에 해당하지 않는 것은?
① 빙과류
② 비가열음료
③ 껌류
④ 레토르트식품

5. 단백질의 식품부패 원인으로 거리가 가장 먼 것은?
① 산소
② 수분
③ 압력
④ 온도

6. 조리업 종사자들이 삼가야 할 행동으로 옳지 않은 것은?
① 머리카락을 만지는 행동
② 주방에서 흡연하는 행동
③ 음식물 앞에서 기침 및 재채기를 하는 행동
④ 위생모와 스카프를 착용하고 근무하는 행동

7. 다음 중 식품에 생기는 곰팡이의 특성이 아닌 것은?
① 달고 신맛이 나며, 수분의 활성도가 낮은 식품에서 잘 자란다.
② 냉동온도는 곰팡이를 방지하거나 성장을 늦출 수는 있으나, 제거할 수는 없다.
③ 열에 의해 세포와 포자는 죽일 수 있으나 생성 된 독소는 파괴할 수 없다.
④ 생존하기 위해 숙주를 필요로 한다.

8. 손 씻기를 반드시 해야 하는 상황 중 틀린 것은?
① 쓰레기통 및 쓰레기를 만진 후
② 상처를 만진 후
③ 흡연을 한 후
④ 야채를 흐르는 물에 씻고 야채를 잘라야 할 때

9. 온열요소가 아닌 것은?
① 기온
② 기습
③ 기류
④ 기압

10. 개인위생관리에서 꼭 지켜야 하는 항목이 아닌 것은?
① 정기적인 건강검진을 받는다.
② 손의 청결을 유지하기 위해 자주 손을 씻어준다.
③ 항상 청결한 복장을 유지하고 오염된 조

리복은 바로 갈아 입는다.
④ 조리중 화상을 입었을 경우 화상연고를 바른 후 조리업무를 계속한다.

11. 다음 중 식품을 보관하는 냉장고의 냉장 온도는?
① −18℃ 이하
② −5℃ 이하
③ 0℃ 이하
④ 0~10℃ 이하

12. 건강진단을 받지 않아도 되는 사람은?
① 식품 및 식품첨가물의 채취자
② 식품첨가물의 제조자
③ 식품을 가공하는 자
④ 완전포장 식품의 판매자

13. 다음 중 채소, 야채를 통하여 감염되는 기생충이 아닌 것은?
① 돈단독
② 동양모양선충
③ 십이지장충
④ 편충

14. 식품위생법상 식품의 정의로 옳은 것은?
① 모든 음식물을 말한다
② 첨가물을 제외한 모든 음식을 말한다
③ 화학적 합성품을 제외한 모든 음식물을 말한다
④ 의약품으로 섭취되는 것을 제외한 모든 음식물을 말한다

15. 주방 내에서 공기를 환기시키는 이유와 가장 거리가 먼 것은?
① 연기의 제거
② 수증기의 제거
③ 냄새의 제거
④ 위생곤충의 제거

16. 다음 중 식품위생법에 명시된 목적이 아닌 것은?
① 위생상의 위해를 방지
② 건전한 유통, 판매를 도모
③ 식품영양의 질적 향상을 도모
④ 식품에 관한 올바른 정보를 제공

17. 다음 중 채소밭에 맨발로 걸어갈 때 감염되기 쉬운 기생충은?
① 십이지장충
② 편충
③ 회충
④ 섬모충

18. 식품의 수거 및 위생감시 등 식품위생 행정업무를 수행할 수 있는 사람은?
① 영양사
② 위생사
③ 식품위생감시원
④ 조리사

19. 온열요소가 아닌 것은?
① 기온
② 기습
③ 기류
④ 기압

20. 공중위생과 관련된 자외선의 작용이 아닌 것은?
① 살균작용
② 비타민D 형성
③ 따뜻한 온감
④ 피부염 유발

21. 식품이 미생물의 작용을 받아 분해되는 현상과 거리가 먼 것은?
① 부패(puterifaction)
② 발효(fermentation)
③ 변향(flavor reversion)
④ 변패(deterioration)

22. 판매를 목적으로 하는 식품 또는 식품첨가물과 기구와 용기 · 포장 표시에 관하여 필요한 기준은 누가 정하여 고시하는가?
① 식품의약품안정청장
② 시장 · 군수 · 구청장

③ 보건복지부장관
④ 시 · 도지사

23. 식품위생행정에 관한 업무를 기획 · 총괄하며 지방행정기관의 식품위생행정업무를 지휘 · 감독하는 기관은?
① 행정안전부
② 지식경제부
③ 기획경제부
④ 보건복지부

24. 다음 중 효과적인 위생교육이 아닌 것은?
① 흥미 있는 교육 자료를 이용한다.
② 가능한 한 오랫동안 교육한다.
③ 교육과정을 기록한다.
④ 종사원들의 모든 질문에 답한다.

25. 샌드위치를 만드는 것을 그만두고 화장실을 가려고 한다. 가장 먼저 해야 할 일은?
① 손을 씻는다.
② 모자를 벗는다.
③ 앞치마를 벗어서 적절히 보관한다.
④ 유니폼을 바꿔 입는다.

26. 위생관리상태 등이 우수한 식품접객업소를 선정하여 모범업소로 지정 할 수 있는 자는?
① 보건복지부장관
② 식품의약품안전청장
③ 도지사
④ 시장, 군수, 구청장

27. 야채로부터 감염되는 기생충이 아닌 것은?
① 회충
② 구충
③ 요충
④ 간디스토마

28. 조리사의 화농병소와 관계가 깊은 식중독은?
① 병원성 대장균 식중독
② 포도상구균 식중독
③ 장염비브리오 식중독
④ 살모넬라 식중독

29. 다음 중 식품의 산패란 주로 무엇이 변질된 것인가?
① 단백질
② 지방
③ 비타민
④ 탄수화물

30. 다음 중 조리실 바닥 재질의 조건으로 부적합한 것은?
① 산, 알칼리, 열에 강해야 한다.
② 습기와 기름이 스며들지 않아야 한다.
③ 공사비와 유지비가 저렴하여야 한다.
④ 요철이 많아 미끄러지지 않도록 한다.

31. 조리사들이 가장 많이 사용하지만 식중독을 가장 많이 일으키는 신체부위는?
① 손
② 얼굴
③ 발
④ 허리

32. 조리사의 법령준수사항 이행여부를 확인하고 지도하는 직무를 담당하고 있는 자는?
① 식품위생감시원
② 식품위생심의위원
③ 위생사
④ 자율지도원

33. 역성비누의 용도로 가장 알맞은 것은?
① 음료수 소독
② 채소, 과일세척
③ 조리기구의 소독
④ 육류세척

34. 전염병 예방을 위해서 조리사가 일반적으로 지켜야 할 것은?
① 식품가격의 조절
② 섭외활동

③ 정기적인 건강진단
④ 취사기구 구입

35. 식품의 부패와 가장 관계가 깊은 것은?
① 습도
② 냄새
③ 점도
④ 광택

36. 우리나라에서 가장 많이 발생하는 식중독은 ?
① 버섯중독
② 포도상구균 식중독
③ 보툴리누스 식중독
④ 맥각 중독

37. 조리사의 화농병소와 관계가 깊은 것은?
① 살모넬라
② 포도상구균
③ 장염비브리오
④ 병원성대장균

38. 채소류에 쓰이는 보존료(방부제)는 어느 것인가?
① 안식향산 나트륨
② 염산
③ DHA
④ 소르빈산

39. 조리장의 관리에 대한 설명 중 부당한 것은?
① 충분한 내구력이 있는 구조일 것
② 배수 및 청소가 쉬운 구조일 것
③ 창문, 출입구 등은 방서, 방충을 위한 금속망, 설비구일 것
④ 바닥과 바닥으로부터 5cm까지의 내벽은 내수성 자재의 구조일 것

40. 다음 중 유제품 및 달걀과 같은 식품이 일으킬 수 있는 식중독은?
① 살모넬라 식중독
② 대장균 식중독
③ 포도상구균 식중독
④ 보툴리누스 식중독

41. 식품위생법상 식품이 아닌 것은?
① 수박
② 당근
③ 소주
④ 아스피린

42. 다음 중 세척하고 위생처리 해야 하는 것은?
① 바닥
② 도마
③ 벽
④ 천장

43. 야채로부터 감염되는 기생충이 아닌 것은?
① 회충
② 구충
③ 요충
④ 간디스토마

44. 조리사의 화농병소와 관계가 깊은 식중독은?
① 병원성 대장균 식중독
② 포도상구균 식중독
③ 장염비브리오 식중독
④ 살모넬라 식중독

45. 다음 중 수질오염의 지표가 되는 것은?
① 일반세균
② 바이러스
③ 진균
④ 대장균

46. 주방에서 장갑을 갈아 껴야 할 경우에 대해 적절하지 않는 것은?
① 같은 작업을 하는 경우 5시간 이후에 교체
② 같은 작업을 하는데 장갑이 더러워진 경우

③ 익히지 않은 고기를 취급한 후
④ 새로운 작업을 하기 전

47. 다음 중 장염 비브리오균의 특징은 어느 것인가?
① 열에 약하다
② 독소를 생성한다
③ 아포를 형성한다
④ 편모가 없다

48. 조리업 종사자들이 삼가야할 행동으로 옳지 않은 것은?
① 오염된 장비는 음식이 닿지 않도록 한다.
② 작업이 변경 될 때마다 손 소독을 한다.
③ 항상 청결한 행주만 사용한다.
④ 더운 여름에는 모자를 벗고 업무에 임한다.

49. 건강의 정의를 가장 적절하게 표현한 것은?
① 질병이 없고 육체적으로 완전한 상태
② 육체적, 정신적으로 완전한 상태
③ 육체적, 정신적, 사회적 안녕이 유지되는 상태
④ 육체적, 정신적으로 사회적 안녕의 완전한 상태

50. 우리나라에서 가장 많이 발생하는 식중독은 ?
① 버섯중독
② 포도상구균 식중독
③ 보툴리누스 식중독
④ 맥각 중독

◒ 정답

1. ①	14. ④	27. ④	40. ①
2. ③	15. ④	28. ②	41. ④
3. ②	16. ②	29. ②	42. ②
4. ③	17. ①	30. ④	43. ④
5. ③	18. ③	31. ①	44. ②
6. ④	19. ④	32. ①	45. ④
7. ④	20. ③	33. ③	46. ①
8. ④	21. ③	34. ③	47. ①
9. ④	22. ①	35. ①	48. ④
10. ④	23. ④	36. ②	49. ④
11. ④	24. ②	37. ②	50. ②
12. ④	25. ③	38. ①	
13. ①	26. ④	39. ④	

Cocktail

칵테일 가니쉬 마스터

한국카빙데코레이션협회

발행 2018년 6월 1일

지은이 고윤희, 이영주, 이수연, 곽명숙, 박현미, 김미숙
발행 한국카빙데코레이션협회
홈페이지 www.foodcarving.co.kr
이메일 987307@hanmail.net
주문전화 053-763-9707 010-7501-9707
출판등록 2012년 08월13일 제2012-000047호

펴낸곳 한국카빙데코레이션협회
편집 한국카빙데코레이션협회
교정 • 교열 한국카빙데코레이션협회
인쇄 • 제책 한결그래픽스
주소 대구광역시 동구 효목동 168-2번지 2층

ISBN 979-11-89071-02-8

값 34,000원